大夏
经典文丛

**20**

周年

# 美学是未来的教育学
## ——德育世界的探寻

檀传宝

/

著

华东师范大学出版社

·上海·

图书在版编目（CIP）数据

美学是未来的教育学：德育世界的探寻／檀传宝著．
一上海：华东师范大学出版社，2023
（大夏经典文丛：20 周年）
ISBN 978-7-5760-3939-9

I. ①美 ... II. ①檀 ... III. ①德育—教育研究 IV. ① G41

中国国家版本馆 CIP 数据核字（2023）第 120613 号

大夏经典文丛（20 周年）

**美学是未来的教育学——德育世界的探寻**

著　　者　　檀传宝
策划编辑　　李永梅
责任编辑　　张思扬
责任校对　　杨　坤
装帧设计　　奇文云海 · 设计顾问

出版发行　　华东师范大学出版社
社　　址　　上海市中山北路 3663 号　邮编 200062
网　　址　　www.ecnupress.com.cn
电　　话　　021-60821666　行政传真 021-62572105
客服电话　　021-62865537
邮购电话　　021-62869887
地　　址　　上海市中山北路 3663 号华东师范大学校内先锋路口
网　　店　　http://hdsdcbs.tmall.com/

印 刷 者　　北京博海升彩色印刷有限公司
开　　本　　890×1240　32 开
印　　张　　9.75
字　　数　　200 千字
版　　次　　2023 年 8 月第一版
印　　次　　2023 年 8 月第一次
印　　数　　3 100
书　　号　　ISBN 978-7-5760-3939-9
定　　价　　688.00 元（全套）

出 版 人　　王　焰
（如发现本版图书有印订质量问题，请寄回本社市场部调换或电话 021-62865537 联系）

# 自 序

　　本书是《为幸福而教——教育长短论》的姊妹篇。《为幸福而教》是在大教育领域的游思，而这本集子则是本人对德育世界的探询。

　　既然是对德育世界的探询，为何又取名为"美学是未来的教育学"？主要理由有二。

　　第一，德育概念从来都不宜做狭隘的理解。德育是什么？从教育系统内部看，德育就是教学，德育就是制度、管理、师生关系、校园文化、学生社团活动……真正的德育从来都是通过全部教育活动去实现的。因此，德育之思就是教育之思。而从教育系统外部看，今天的德育已经不是简单的局限于教室里的道德教导，德育问题不仅是教育的问题，也是全社会的问题。如果学校德育不再直面自由、平等、正义、民主、法治等公民教育领域的问题，就很难以理服人。同时，如果德育不从教室走向校园、社区、国家、全球，面向实体及虚拟的世界，那么在狭小的德育温室里，我们根本无法培育真正强健的灵魂。如此，德育之思就是社会之思。大的教育学思考而非简单的德育论言说，是本书的追求之一。

　　第二，高品质教育的未来在于审美气质的确立。不独德育、教育，整个中国社会的发展目前都处在一个从温饱型向全面小康型形态过渡的阶段。就像一个饿了很久的人吃相不免难看一样，目前中国的德育、教育在很多方面都是"吃相难看"的。无论是在社会上，还是在校园里，许多反恶为善、以丑为美的现象大行其道。比如中国公民出国后在公共场所不排队、大声喧哗、随地吐痰等面目可憎的行为表现，让处在经济危机之中本来由衷期待中国游客的发达国家的民众一再瞠目结舌；又如为师者不能"对学生实施性骚扰或与学生发生不正当关系"这样的最低标准居然要由教育部通过发布红头文件——《关于建立健全高校师德建设长效机制的意见》——的方式予以禁止；等等。而我一直认为：一个人的格调低下既是德育的问题，也是美育的问题。就像我们应当告别"吃相难看"的发展阶段，逐步讲究餐桌文明一样，中国的德育、教育也应该从现在开始坚决告别势利、粗暴与粗鄙，走向良善、优雅与美好。笔者坚信：所有现阶段忽略的东西，在未来高品质的教育中必然成为教育的本然。比如艺术教育、体育、德育等在应试教育阴影中被遮蔽的珍贵价值都将在未来的教育生活中重新焕发生机、大放异彩。因此，不独德育，而是全部教育的审美化，必当成为当代教育获得真正救赎的必然之路。

蒙华东师范大学出版社厚爱，拙作《浪漫：自由与责任——檀传宝德育十讲》已于2012年问世，也得到了许多朋友的鼓励。然"十讲"只是十次讲座的录音整理，大量零散发表或未发表的关于德育和教育的思考仍旧只是静静躺在计算机的收藏夹里。这次能够结集出版，实在是出版社同仁大力支持的结果。在此，谨向所有为本书作出贡献的朋友（特别是华东师范大学出版社北京分社社长李永

梅、编辑王悦，以及协助我整理文稿的北京大学博士生曾妮）表示
诚挚的谢意。

檀传宝

2014 年 11 月于京师园

# 目录

## 公民教育的鼓与呼

第四辑

# 德育的
## 概念与理念

# 德育之"育"

## ——德育形态的分析

在中国大陆地区，德育概念的内涵一直十分混杂、边界不清。因此，很长时间以来，教育学界一直致力于建立更为严谨的德育概念。但是，以往对于德育概念的讨论较多地集中于"德"字的分析上，即将较多的精力放在对德育内容范围的界定和解释上——争论的焦点在于，德育到底是"道德教育"（小德育），还是"思想、政治、道德、心理健康教育"（大德育）？这一分析当然十分重要，但在逻辑上却是残缺的。因为"德育"不只有"德"，还有"育"，即对德育概念的完整把握既需要内容及范围的分析，也需要外在教育形式或者形态的分析——所谓"德育"，在形式上到底指称哪些类型的教育实践。只有形式和内容的分析都完成了，人们对于德育概念的认识才能全面和准确，德育实践也才能更有实际成效。

一般来说，德育形态的分析可以从时间、空间两个维度展开。本文首先从宏观的时间维度分析德育的三种形态：原始社会的德育、古代学校德育、现代学校德育。而后分析三种现实的德育形态：直接德育、间接德育、隐性课程意义上的德育。在此基础上，再逐一讨论德育形态分析的理论价值和实践意义。


## 德育的历史形态及其重要意义

德育在不同的民族或文化中的发展轨迹并不完全相同，但如果我们做粗线条的描绘，德育的历史形态大体上包括以下三种。

### 1. 习俗性的德育

习俗性的德育，主要是指学校教育产生以前，在原始社会中存在的德育形态。

原始社会的道德教育的主要特点有二：第一，在原始社会，维护氏族、部落的团结或存在是整个社会的最重要的任务之一，道德教育成为维护社会存在的重要组成部分，因此当时的道德教育是教育的核心内容，同时具有人人参与的全民性。第二，由于劳动、生活、教育是一体的，道德教育在习俗中存在，并且以习俗的传承为主要内容。儿童通过日常生活以及参加宗教或节庆的仪式、歌舞、竞赛等形式接受道德教育，德育以培养年轻一代对神灵和首领的虔敬、对年长者的尊敬、对氏族与部落的责任的理解、对原始宗教仪式的掌握，以及形成其他社会习俗所鼓励的道德品质等为主要目标。例如在史诗《伊利亚特》和《奥德赛》中，希腊人歌颂了虔敬、好客、勇敢、节欲、自制等品德，而其中最受重视的是虔敬和对父母的孝顺。

习俗性的德育形态在学校教育产生之后仍然以不同形式得以延续。美国教育学家约翰·S·布鲁柏克曾经指出："古罗马的道德教育同样是一种民俗性或习俗性的品德教育……那些强化道德品质的宗教仪式主要以家庭中的守护神和家神为主要对象，由于这类要求都十分严格，因而家庭中的宗教教育对儿童的影响很大。"[1] 与此相似，中国先秦时期的学校教育所开设的课程"六艺"——礼、乐、射、御、书、数中，与道德教育关系密切的礼、乐之教实际上也具有非常浓重的仪式、习俗的色彩。《周礼·师氏》中记载，国学要教国子以"三德""三行"。其中"三行"是："一曰孝行，以亲父母；二曰友行，以尊贤良；三曰顺行，以事师长。"乡学中则实行父子、兄弟、夫妇、君臣、长幼、朋友、宾客等七项人伦之教。不难看出，这些都是出自日常生活习俗的内容。

在当代社会，肇始于原始社会的习俗性德育也以"民间德育""生活德育"的形式广泛存在。比如家庭生活及其故事对儿童的自然德育，庙会、节庆等群体性活动、网络游戏中的德育影响等，都带有习俗性德育的显著特征。不过，由于人们往往将较多兴趣聚焦于学校德育，"民间德育""生活德育"等习俗性德育形态常常为教育研究所忽略。

习俗性德育或者原始德育的突出特点就是它的"生活化"。由于

---

[1][美]约翰·S·布鲁柏克.教育问题史[M].吴元训，等译.合肥：安徽教育出版社，1991：298.

它与生活的一体、一致，其潜移默化的德育效果往往是体制化的现代学校德育难以望其项背的。与此同时，习俗性德育往往非常生动，不少活动具有生活的美感。正如约翰·S·布鲁柏克所说："希腊时期的宗教在人们心目中留下的美感要多于敬畏，它在教育上的影响力与其说是教条性的或道德性的，不如说是仪典性或调解性的。"① 在中国，西周教育以礼教为中心，但礼、乐互补，实行所谓"乐所以修内，礼所以修外"② 的美育策略。今天在节庆、聚会中实现的德育也同样具有生活化和生动活泼的特点。因此，"有效""有趣"是习俗性德育的突出优点。但是这一形态道德教育的缺点也是十分明显的，而且恰恰来源于它的生活化特点。除了德育的自觉性、系统性较差之外，习俗性德育的缺点主要是实际上的强制性和非批判性。由于习俗道德是道德教育的内容，具有全社会认同、"天经地义"的性质，所以是不容置疑的。在古希腊，智者们受到排挤、打击，苏格拉底甚至因"煽动青年"的罪名被处死就是明证。除了不容许批评之外，对那些不合规矩的行为，惩罚被认为是理所当然的。"尽管宗教并没有令人敬畏的性质，然而希腊人却毫不犹豫地把敬畏与肉体惩罚当作了一种有益的手段，借以帮助人们使个人符合道德的社会准则。"③ 所以，习俗性的德育只能算是德育发展的一个原初的起点。

---

① [美] 约翰·S·布鲁柏克. 教育问题史 [M]. 吴元训，等译. 合肥：安徽教育出版社，1991：298.
②《乐记》。
③ 同①。

## 2. 古代学校德育

这里的古代学校德育是指奴隶社会、封建社会的学校德育。这是一个充满神秘性、等级性、经验性的德育发展阶段。

神秘性是指学校德育或多或少的"宗教或类宗教特性"。所谓"宗教或类宗教特性",首先是指包括德育在内的全部学校教育在世界的许多地区完全从属于宗教组织。在欧洲,"随着基督教成为官方宗教,最终它拥有了这样的权力:可以使异教学校要么关闭,要么被纳入到教会系统中来"①。在印度,在伊斯兰世界,学校德育的情况基本相似。古代中国是一个例外,但人们也已将孔孟之道神圣化,将儒学变为"儒教"使其有"类宗教"的一面。"宗教或类宗教特性"还指道德教育内容和方式上的宗教性。由于学校教育受制于教会等宗教势力,将信仰与道德联系起来,在信仰的前提下谈道德学习成为这一时期学校道德教育的特征。在欧洲,世俗道德教育的目的是要使人完善,为进入天堂作好准备。在中国,人们将道德规范的合理性归结于"天理",道德教育最终成为一种"存天理,灭人欲"的事业。所以,在德育方式上,古代的道德教育具有某种神秘性质。一个有趣的例子是,中国的大儒王阳明为了"明天理"而到了"格竹致病"的程度。正是觉得格物的路子不对,王阳明才毅然另辟蹊径走向"复归本心"的心学理路。但心学同样具有神秘的性质。

---

① [美] 约翰·S·布鲁柏克.教育问题史 [M].吴元训,等译.合肥:安徽教育出版社,1991:304。

等级性是指，在古代社会，学校德育从教育者、受教育者到整个教育目的、教育过程都是受制于上流社会或统治阶级的利益需要的。由于生产力低下等原因，这一时期的学校教育的主体、目的和内容都属于统治阶级。只有上流社会的子弟才有受教育的权利，只有属于统治阶级的僧侣、官员或从属于统治者的知识分子才有施教的权力，教育目的就是培养神职人员和官员等"治才"，教育内容也围绕这一目的去组织。由于等级性的统治秩序维护的需要，也由于个人德性在统治效率上的作用（号令天下与表率天下正相关），道德教育受到高度重视。其结果是，古代教育几乎等同于道德教育。在基督教世界，教育的目的是皈依上帝和人性的救赎，读、写、算等只是修养以及与上帝沟通的工具；在中国，德性始终是学校教育的首要主题，极端的时期还出现过"举孝廉"的例子；在印度，一个儿童能否被古儒接受取决于他的德性——因为只有品德优良的人才有条件学习《吠陀经》；等等。

经验性指两点。第一，从德育实践的角度看，这一时期的道德教育较多采取不成规模的师徒授受方式进行，道德教育的内容也主要是对宗教或圣贤经典思想的解释、理解与实践。第二，从教育思想的角度看，由于心理学、教育学时代尚未到来，有关德育的思想虽然很多，但是其中理念、猜想的成分很多，缺乏科学的证明。加上"第一是信仰，第二才是理性"[①]的特性，这一时期的学校德育有更多的专制色彩，逐渐失去了习俗性德育原有的生动性。儿童往往被认为

---

①[美]约翰·S·布鲁柏克.教育问题史[M].吴元训，等译.合肥：安徽教育出版社，1991：305.

是"欺骗上帝的小滑头","为了不让孩子堕落，把他们的意志彻底粉碎吧！只要他刚刚能够说话——或者甚至在他还根本不能说话的时候——就要粉碎他的意志。一定要强迫他按命令行事，哪怕因此而不得不连续鞭打他十次"①。因此，牺牲理解、强调记诵是这一时期德育的主要特征之一。

## 3. 现代学校德育

现代学校德育主要是指18世纪西方资产阶级革命完成以来的学校德育。现代学校德育具有世俗化、民主化、科学化的特征。对这些特征的表述之所以都带上一个"化"字，主要原因在于这些特征是一个不断进步的动态进程，而非已经完结的静态结果。

学校德育的世俗化主要是指宗教教育与学校德育的分离。在中世纪或古代教育中，学校德育往往受制于宗教势力。道德教育的目标、内容、方法等都带有宗教性质。近代以来，一方面，由于资产阶级政治革命导致政教分离的产生，国家夺回了对于教育的控制权；另一方面，原因在于宗教本身——在欧洲和美国都存在着基督教的不同流派，促使宗教与学校教育分离的部分原因起源于不同教派的冲突。就像政治上公民教育不允许偏向某个政治团体一样，为了避免教派冲突对学校教育的干扰，欧美各国的公立学校在不同程度上实行了宗教与

---

①［美］约翰·S·布鲁柏克.教育问题史［M］.吴元训，等译.合肥：安徽教育出版社，1991：308.

教育的分离——其实质性的内容之一就是宗教教育与道德教育的分离。道德教育与宗教教育的分离对于学校德育具有划时代的意义。学校德育无须再到上帝那里去寻找根据，原罪说等宗教意识对德育的消极影响也有了削弱的可能性。这为学校德育的民主化与科学化提供了重要的基础。

学校德育的民主化与整个政治的民主化、教育自身的民主化是联系在一起的。近代以来，教育的重要特征之一是学校教育的普及、高等教育入学率不断提高、终身教育体制的建立，等等，即宏观上作为宪法中政治民主的重要内容之一——平等受教育权的落实。此外，德育的民主化还包括教育过程中微观民主的实现，即对学校德育目标、内容、方法、途径等方面的民主化的追求。后者促进了平等受教育权等宪法权利的具体实现。现代教育的培养目标已经主要不是上层阶级——神职人员、管理人等，而是民主社会的全体公民。参与教育活动的主体——教与学双方——都已经平民化、平等化。教育的依据不再是天命或者上帝，而是社会发展、个体成长的现实需要。从卢梭、裴斯泰洛齐、福禄培尔到杜威，许多教育家都为这一进程作出了杰出的贡献。人们最终认识到，民主政治应当比任何一种社会更热心于道德教育。这是因为，一方面，一个民主的政府，除非选举人和被统治者都接受过良好的教育，否则民主政治将无从实现；另一方面，民主不仅是一种政府的组织形式，更是一种联合生活、共同交流经验的生活方式。①

---

① [美] 杜威.民主主义与教育 [M].王承绪，译.北京：人民教育出版社，1990：92.

科学化是真正自觉德育时代的必然前提，对于德育的历史发展具有划时代的意义。学校德育的科学化内涵主要有三。第一是由于学校德育的世俗化，德育的合理性、德育理论的依据避免了神学化的命运。道德教育成为人们关心的现实领域，不再具有古代社会的神秘色彩。第二是指伦理学、心理学、社会学等近代科学的发展为学校德育问题的解释与解决提供了崭新的思路与可能，德育成为科学实践的组成部分之一。学校德育的组织化则是德育科学化的第三个表征，主要是指以班级授课制为代表的近代教育体制给德育带来的影响。以班级授课制为契机，学校德育不仅在效率上比过去有了较大的提高，而且使学校成为一个与家庭和社会都不相同的学习集体生活的特殊场所。这为道德教育带来了社会化的积极意义，但也带来了忽视个性、过度理性化的危险。

## 4. 德育历史形态分析的重要意义

（1）对原始社会开始的习俗性德育形态的深入研究具有重要价值。

与学校德育相对，原始德育及其当代形态——"民间德育""生活德育"实际上是范围更广、意义更为深远的德育形态。将习俗性德育与学校德育进行认真的比较分析，在学术上有利于完整追溯学校德育发展的理论与现实的源头，解释学校德育的许多内容、现实选择的历史与现实依据。因此，开展民俗学、文化学意义上的德育研究理论意义重大。此外，如前所述，习俗性德育有其实际上的强制性和非批判性等明显的缺陷。与体制性的学校德育相比，其教育的科学性、系统性也存在很多问题。但是，习俗性德育也同时具有生活化和美感的特征，或者"有效""有趣"等突出优点。当代社会，各国学校德育普遍面临如何克服体制化、唯智化、呆板化等缺点的时代课题。对习俗性德育形态的深入研究显然有助于当代学校德育从历史和现实的习俗性德育中吸取生活气息与教育灵感，扬长避短，提升其实际效能。

（2）学校德育古代与现代形态的比较分析意义重大。

如前所述，古代（奴隶社会、封建社会）学校德育具有神秘性、等级性、经验性特征，现代社会的学校德育则具有不断世俗化、民主化、科学化的特征。现代社会实际上并存着资本主义、社会主义两种社会形态，二者在意识形态上存在尖锐对立，因而德育形态也存在巨大的差异。但差异再大，也有共同性。不断实现世俗化、民主化、科学化就是所有现代学校德育形态及其发展的共性。中国是一个发展中的东方国家，儒家伦理等传统文化积累深厚。同时，中国共产党和中国政府又致力于建设中国特色的社会主义。这些因素都使得中国当代德育形态具有独特个性。但是，现代化仍然是中国德育和整个社会尚未彻底完成的一个重要任务。而教育和德育现代化的关键和必然趋势就是：从神秘性逐步走向世俗化，从等级性逐步走向民主化，从经验性逐步走向科学化。由于传统中国社会基本上是一个世俗化的社会，宗教信仰者不占人口的多数，所以虽然也有世俗化的任务，但与西方国家相比，中国德育现代化更为突出的任务就是实现德育的民主化和科学化。虽然中国德育在民主化、科学化的道路上已经取得了不少进步，但是更高程度的民主化、科学化仍然是今后中国德育发展的努力方向。近年来，中国政府在《国家中长期教育改革和发展规划纲要（2010—2020年）》中明确提出"加强公民意识教育，树立社会主义民主法治、自由平等、公平正义的理念"，就是对德育民主化方向的准确把握。而笔者和一些同道近年呼吁推进"教师的德育专业化"则是进一步推动德育科学化的努力之一。

## 德育的现实形态及其重要意义

如果说对德育历史形态的分析是纵截面的分析，那么对德育现实形态的分析则是横截面的分析。由于横截面的当下性，德育现实形态的分析具有更明显的现实意义。现实的德育活动丰富多彩，进行形态分析可以有很多视角。这里拟以德育活动的作用形式为标准，将德育分为直接德育、间接德育和隐性课程意义上的德育三种。

### 1. 直接德育

所谓直接德育就是指教育者的德育意图明显，受教育者明确知道自己在接受道德教育的德育形态。换言之，只要德育意图是直接呈现的教育，就是直接德育。因此，不仅直接德育课程、主题德育活动、师生之间德育对话等属于直接德育，而且各科教学、校园文化等教育形式也都可能是直接德育形态。一般认为，德育课程以外的各科教学、校园文化中的德育影响应该属于间接德育形态，其实并不尽然。

比如数学课教学中教师对学生遵守课堂纪律的直接劝谕，在讲述数学家的故事之后号召学生学习他们勤奋学习、不怕困难的精神等，就是直接德育而非间接德育。同理，学校的校训、宣传美德的校园海报等的德育意图也是十分明显的，也属于直接德育形态。

在中国等东亚国家，直接德育形态一直受到高度重视。除了主要因为儒家文化圈对于人伦的高度重视这一文化传统之外，也因为直接德育形态本身具有间接德育所不可能具备的优势，即直接德育能够清楚明白地解释道德价值、行为规范存在的理由和应用的策略，使受教育者直接受益。如果没有直接德育，许多人可能因为道德上的无知而犯错。直接德育对于未成年阶段的学生来说尤其重要。中国有句老话叫"话不说不明"，苏格拉底也有"美德即知识"的论断，都是这个道理。

一些国家，特别是美国，在历史上曾经对直接德育有过过激的批评，认为道德教育是"私事"，德育应该交给家庭和教堂去完成，或者认为进行直接德育有"洗脑""灌输"、妨碍思想自由等风险。否定直接德育的另外一个理由是认为专设直接德育课程有可能让不担任此类课程的其他老师推卸其德育责任。而健康的教育体系应该"人人都是德育工作者"。因此，20世纪中期许多美国学校曾经取消过直接道德教育课程。但是十分有趣的是，从20世纪80年代开始的品德教育运动（Character Education），又使直接德育形态在美国重新得到了较为广泛的强调。品德教育运动的代表人物托马斯·里考纳（T. Lickona）就明确指出：在文明冲突价值多元的社会中，仍然存在普遍认同的价值，除非我们承认正义、诚实、文明、民主、追求真理等价值观，否则价值多元是不能成立的；民主社会尤其需要品德教育，因为公民需要承担作为民主公民的责任；没有无标准的道德教育，问题不应当是"要不要教价值观"，而应当是"教哪些价值观"和"怎样教这些价值观"；传授正确的价值观过去是、现在仍然是文明之举，在社会普遍忽视德育的情况下，学校德育尤为重要，否则对良好品德的敌视很快就会弥补道德教育的真空。[①] 他的观点基本上代表了许多品德教育领袖人物的观点，也代表了美国教育界对直接德育课程形态经历了否定之否定的历史过程后的重新肯定。美国教育对于直接德育课程形态的认识历程证明，尽管直接德育可能存在许多缺点，但是简单、绝对否定其价值于事无补。

## 2. 间接德育

否定直接德育形态而又承认德育本身重要性的思维会将对直接德育的兴趣转向间接德育形态。所谓间接德育，就是指教育者的德育意图并不直接和明显，受教育者通过间接途径接受道德教育的德育形态。在日常教育生活中，最为常见的间接德育形态主要是那些以其他教育任务为直接目标，间接发挥德育作用的课程、活动、校园生活，等等。间接德育最重要的形式是直接德育课程以外的各科教学。以下重点以各科教学为例说明间接德育形态的存在方式。

---

① Thomas Lickona. *Education for Character: How Our School Can Teach Respect and Responsibility* [ M ]. New York: Bantam Books，1991：20–22.

实际上，所有科目的课程都包含间接而重要的德育因素。托马斯·里考纳就认为，各科教学对道德教育来说是一个“沉睡的巨人”，潜力极大。不利用各科教学进行道德教育是一个重大缺憾。里考纳还列举了各科教学中可以利用的一些价值因素。例如：数学和科学课中科学家的生平业绩、生活和治学态度，语文课中文学榜样人物的道德作用，历史课中历史伟人的德行与自律精神，体育与健康课中展示的适度自我控制对个人健康和品行的重要性，等等。[①] 十多年前，笔者也曾经有过一次关于间接德育形态认识的震撼教育经历：当时素质教育运动在中国刚刚开始，笔者和一般社会人士一样，简单地认为家长非要孩子考 100 分是没有道理的。但是，一位小学数学特级教师十分严肃地纠正我说，考试完毕孩子没有得 100 分固然不该苛责，但每次考试之前，至少小学数学这个学科就必须要求孩子争取考 100 分。原因很简单，小学数学并不难，六年时间不过学一个四则运算，而 100 分则意味着孩子没有坏的学习习惯，100 分等于一丝不苟的学习态度，100 分等于科学精神！很显然，数学考试 100 分似乎与德育无关，但其实是间接德育的重要结果与象征。

需要说明的是，各科教学中存在的德育影响并不等于间接德育形态。比如，对里考纳所说的“数学和科学课中科学家的生平业绩、生活和治学态度”的教学处理，教师如果只是在讲述数学知识发展历程时一般介绍，其德育影响当然就是间接的。但如果教师在讲完故事之后，进一步号召同学们学习数学家的优良品质，则德育形态就由间接

① 袁桂林．当代西方道德教育理论［M］．福州：福建教育出版社，1995：254.

变为直接——因为这一做法与直接德育课程中讲述榜样人物的故事以塑造学生品德的教育方式并无不同。教师在各科教学中因势利导、恰到好处地开展直接德育是值得肯定的，但各科教学都有各自教学的直接目标，过多和勉强的直接德育不仅影响课程直接目标的实现，也可能使教学出现过度德育化的倾向。这样的思路并不可取。

以德育意图间接呈现的标准来看，隐性课程中的德育影响或者隐性课程意义上的德育其实也属于间接德育的一种。不过，由于隐性课程中的德育影响隐藏最深，是间接中的间接，一般不为教育实践者所关注，所以，为了凸显其重要性，有必要将它独立出来，作专门的分析。

## 3. 隐性课程意义上的德育

关于隐性课程的概念，一般认为其主要特征有以下几点：第一，从影响结果上看，隐性课程是指学业成绩之外的非学术的影响，更多地体现在对学生的价值、情感和意志等方面的影响上。第二，从影响环境上说，它是一种潜存于班级、学校和社会中的隐含性、自然性的影响。第三，从影响的计划性角度看，隐性课程是非计划、无意识和不明确的影响。第四，从影响的效果上看，由于隐性课程的影响是潜移默化的，所以它的影响虽不是立竿见影，但具有"累积性""迟效性""稳定性或持久性"①。总的说来，隐性课程是学生在学校学习生活中完整经验的一个有机组成部分，作为一种教育影响，它主要通过

① 戚万学，杜时忠. 现代德育论 [M]. 济南：山东教育出版社，1997：362.

非学术、隐含性、非计划、潜移默化的方式实现。

　　隐性课程并不等于隐性的德育影响，它也可能通过非学术、隐含性、非计划、潜移默化的方式实现对智育、美育、体育等方面的影响。因此我们只能说"隐性课程意义上的德育"，而不能说"隐性课程德育"。但是，隐性课程概念本身与道德教育却有着内在的、天然的联系。因为隐性课程从本质上是一种价值性的影响。这一点，从早期隐性课程研究者菲利普·W·杰克逊那里就可以得到证明。杰克逊认为，构成学校班级生活的有三个重要的隐性课程因素。第一是"群体"（crowd），班级中充满了各种规则、规定、常规，学生必须在满足的延迟、欲望的打消、工作的中断中才能理解和适应它；第二是"表扬"（praise），即班级中教师的评价、学生之间的评价等使得学生尽力与教师和班级所要求的价值保持一致；第三是"权力"（power），班级中的权力结构和差距是班级社会结构的重要组成部分，学生对社会的适应首先从适应班级的社会结构开始。从杰克逊的分析中可以看出，学校是社会规范同化最有力的场所，社会化、价值学习等是隐性课程的核心内容。杰克逊是社会功能学派的代表，他们的特点是对班级、学校中的社会化作了正面或积极的说明。与社会功能论者相对立的是社会批判论者。他们认为："教育组织的主要方面，就在于再生产经济领域中统治与服从的关系。"[①]因此，隐性课程具有较明显的阶级性。但是社会批判论者的观点只不过从另一面证明了隐性课程所具有的价值本质。我国台湾学者陈伯璋教授将隐性课程概

① Bowls, S. & Gintis, H. *Schooling in Capitalist America: Educational Reform and the Contradictions of Economic Life* [ M ] . New York: Basic Books, 1976: 12.

括为常数和变数两个部分。"常数"是指散播于学校教育各个层面的"社会意识形态"和教师的期待、教学内容中包含的未预期的意义、教室内移动方式、谈话流程等"教育工作者分析合理知识以及界定其运作概念的方式"。"变数"则是指组织教学、能力分组、升留级制度等"组织变数"，学校气氛、领导作风、师生之间的人际关系等"社会系统变数"，信念系统、价值观念、认知结构、意义等社会向度或"文化变数"。[①]但无论"常数"还是"变数"，我们都可以看到，隐性课程中的德育影响成分是最大的。

如前所述，隐性课程意义上的德育其实也是间接德育形态的一种，是指通过教学流程和组织形式、学校人际交往方式、教育空间安排等教育途径、形式隐蔽实现的德育影响。隐性课程虽然与显性课程相对，但是其存在范围往往远远超过学校正式课程。因此，与其说隐性课程是一种课程，不如说是全部校园生活的隐性教育影响。隐性课程意义上的德育虽然存在范围甚广，但由于其极大的隐蔽性，常常容易被人忽略。

## 4. 德育现实形态分析的重要意义

将德育分为直接德育、间接德育和隐性课程意义上的德育三种形态，不仅对于德育理论的完善意义重大，而且具有十分明显的实践价值。德育现实形态分析的实践价值主要表现为以下三个方面。

---

① 陈伯璋.潜在课程研究［M］.台北：五南图书公司，1985：330-339.

（1）德育形态的分析有利于教育工作者明确、认同自己的德育使命。

如果我们承认德育不仅包括直接德育，也包括间接德育和隐性课程意义上的德育，自然可以得出一个十分重要的结论："人人都是德育工作者"是一个教育的事实，而非教育的伦理主张或者价值的呼吁。在实际教育生活中，教育者只有做一个好的或者坏的德育工作者的选择，而没有做或不做德育工作的自由。因为从间接德育角度看，即使你只是教授数、理、化等自然科学知识，也会间接完成某些自然观和世界观的培养、学习态度与习惯的养成等任务。而从隐性课程角度看，无论你从事何种学科的教学，你总要说话，与学生交往和互动，而说话的方式，师生交往、互动的形式都会对学生的人格发展产生潜移默化的德育影响。因此，只要你在校园生活，作为德育影响的事实就一直存在。全面认识和把握德育形态显然有利于教育工作者从内心明确和认同自己的德育角色与使命。

（2）德育形态的分析有利于教育工作者开阔思路，全方位开展德育活动。

在不对德育现实形态做全面分析的情况下，人们开展德育活动的思路往往流于狭隘的"加法"思维——加强德育等于安排更多的直接德育课程与德育活动。由于直接德育需要占用一定时间及某些物质条件支持，而学校资源总体上是有限的，因此，只做"加法"的思维是没有出路的。因为学校不可能将所有时间、所有资源都用于直接德育。此外，即便学校愿意将更多的时间与资源投入直接德育，如校本德育课程开发、主题德育活动开展等，过分德育化的学校生活也可能使受教育者产生对德育的逆反心理。因此，最为明智的做法肯定是三种德育形态并举，特别是高度关注间接德育和隐性课程意义上的德育。后两种德育形态在中国被称为"无言之教"，几乎是"无本的买卖"，因为他们不需要另找专门的时间、资源。当然，做好这一"无本的买卖"的前提是教师对于德育形态的全面把握，以及教师具备专业化的德育能力。因此，实现教师的德育专业化是全方位开展德育的重要基础。

（3）德育形态的分析有利于教育工作者依据德育形态的实际开展更有成效的德育。

三种德育形态实际上都有各自的优势与不足，教育工作者需要做的就是分析这些优势和不足，以扬长避短。比如直接德育，其优点是对价值与规范向学习者作专门、系统、正面、明确的解释，方便学习者进行理性、系统的吸收。但是直接德育也有需要占用一定时间、需要某些物质条件的支持、过多的直接德育说教容易引起逆反心理等明显缺陷。教育工作者开展直接德育时首先要思考的应当是如何扬长避短，既开展直接德育，又能使得这一德育形态具有较高质量或者"可欣赏性"[①]，以克服直接德育可能产生的逆反心理。对于间接德育，教育工作者要特别注意的是保持其润物细无声的间接性特点，切忌将间接德育生硬地转化为矫揉造作、效益低下的直接德育。在中国最新一轮课程改革中，国家课程标准明确要求将"情感、态度、价值观"作

---

[①] 这是笔者论述欣赏型德育时的术语，意即德育内容和形式具有美感。具体可参考：檀传宝.让德育成为美丽的风景——欣赏型德育模式的理念与操作［M］.合肥：安徽教育出版社，2006.

为每节课的教学目标之一。许多教师因片面理解这一德育目标实现的途径（如每节课都要讲科学家的故事）而痛苦不堪，其痛苦的根源就在于对于德育形态的误读。如果考虑到间接德育、隐性课程意义上的德育存在，落实"情感、态度、价值观"的教学目标就根本不需要每节课都去寻找伟人故事，而只需要尽职尽责地完成自己的学科教学即可。关于隐性课程意义上的德育，教师也需要有较为专业的关注。如前所述，隐性课程虽然与显性课程相对，但是其存在范围往往远远超过学校正式课程。隐性课程意义上的德育实际存在于全部校园生活中。因此，隐性课程的自觉意识十分重要。一旦教师自觉意识到隐性课程的真实存在并开展对隐性课程的适当优化，则隐性课程意义上的德育就可能成为一头苏醒了的雄狮，德育效能便能极大地发挥出来。总而言之，就像对学生的教育应当因材施教一样，教师也应当依据德育的不同形态进行德育活动的设计。

以上从时间、空间两个维度展开的德育形态分析，只是一种抛砖引玉的尝试。因为时间的维度不仅仅需要宏观分析，也需要微观分析，即细致讨论每一种德育活动在时间上是如何展开的。空间维度的分析也不应只包括类型的宏观分析，德育活动的环境、场景、要素及其结构等具体形态分析对德育活动的成功开展也都有重大意义，需要更为精致的分析。对于德育形态的分析，是一个任重而道远的课题。

［本文曾以"论德育形态及其重要意义"为题发表于韩国《伦理道德教育》杂志 40 号 2013 年第 11 期。后又经修改发表于《教育研究》2014 年第 6 期，题为"德育形态的历史演进与现实价值"。本次出版时略有修改。］

# 德育是什么

## ——基本概念分析与德育实效的提高

今天给大家讲的主题是："德育概念分析与德育实效提高"。

这个讲座，最初是为澳门特区德育模范校长和教师作培训时的一个演讲，PPT用到现在两年多了。还在几个省教育厅组织的德育培训中讲过，题目也都是这个。一般来说，听说我要讲这样一个题目，邀请方的第一反应就是：檀老师，你能不能不讲"概念分析"，就直接讲"德育实效提高"？因为大家都觉得概念分析枯燥乏味、脱离实际，是不是？但是我特别想跟大家分享的一个体会就是：概念看起来的确是很抽象的东西，但大凡基本问题都是抽象的，事实上，越抽象的东西往往越根本。大家要是真的以做教育家为志向的话，我觉得就应该亲近基本概念与基本理论。为什么？因为你要大气、要超越平庸，就必须有个人的教育哲学。学校也要有自己的学校哲学，要有最核心的、灵魂性的东西。如果你不作最本质的努力，而只有一些经验的累积，从长远来看肯定是不行的。所以我觉得概念对大家很重要。

当然，对于大家提出的实效问题，我肯定都会作出自己的解释。这个大家可以放心。因为，我讲德育基本概念分析的目的最终还是促进德育实效的提高。我在中学做过八年老师，是知道一线的情况的，不会让大家觉得只是学了一些理论，而且教育学本来也不是纯粹的理论。教育学科家族中，恐怕只有"元教育学"是一门纯理论。"元教育学"讨论的是教育学科逻辑、学科史等较为抽象的教育学科本身的问题，而不直接针对教育实体问题。除了元教育学，教育哲学按理说都不应该是纯粹抽象的学问。教育学实际上是研究教育问题的，它是一个实践性的学科。所以如果演讲者所讲的内容没有实践性，听者听得云里雾里，觉得太难，只可能有两个原因：一是演讲者所讲的理论本身不成熟没有解释力；二是理论是成熟的，可这个演讲者并没有熟练掌握，所以特别枯燥、难懂。总之，我认为，除了元教育学之外，所有教育学的领域，课程、教学论不用讲，就连德育原理、教育哲学，等等，都应该是非常生动的东西。没有教育实践的解释力就没有真正的教育学。教育学本身就是一个实践性的学科，它本来就是应用性、实践性的。正因为教育学的实践性这一基本性质，基本概念分析本来就不应该让大家觉得是特别理论的，特别难接受的。

还有一点需要特别对大家说，大家毕竟跟书院以外的一般教育工作者还是有一点区别的。面对教育家书院这个标签，敢进来的人虽然不会特意对外宣传自己想做一个教育家，也不能笃定地讲自己将来一定能做成教育家，但我们心里一定会将自己的人生与教育家这三个字做某种意义上的链接。事实上想做教育家也是应该的。为什么？中国从鸦片战争以来，教育思想基本是处于一个入超状态的，基本上只进口别人的教育思想、制度。换言之，到目前为止我们没有真正的、世界意义上的教育家，我们还没有太像样的教育思想可以输出。当然，在一定时期里我们可以这样做，但从长远来讲却是不可以的。因为如果大家都只有进口没有出口，这种状态是没办法持久维持的——如果大家都按这个逻辑去做，请问你从哪里进口呢？你要进口就必定要有人出口给你。如果我们每一个中国的教师都想着进口，尤其是像大家这样条件比较好的校长如果都只是想吸收的话，那谁提供给我们可供吸收、进口的教育思想呢？所以我觉得有责任的中国人，必须按照这个正常的逻辑去反思，必须有一批中国人要慢慢考虑出口。这是什么意思？就是要做"严格意义上的"教育家。

严格意义上的教育家不是我们书店里卖的泡沫书的作者们。我觉得那些写泡沫书的许多人都不是真正意义上的教育家。他们甚至连教育家的边都沾不上。为什么？因为他们的思想层次、格调本身就很低。有些人、有些制度的残酷，我们私下都是知道的。现在可能做一些包装，说现在爱学生了，提倡全面发展了，可是其中最本质的东西是没有改变的。所以这样的人不可能是教育家，而且他们现在讲的也不真诚。为什么？他们讲的都是别人的信念，而不是他们自己的信念。如果是他们自己的信念的话，他们应该一开始就不会干很多很坏的事情。

我觉得做真的教育家就应该成为先进教育理念的先行者。这不是很崇高的信念，而是自然、平常的信念，本来就应该是这样的。不然这偌大的中国，占世界五分之一的人口都要进口而不出口，是没道理的。对立志成为教育家的人来说，必须有理论思维。因为你没有理论思维就没法去跟世界对话。如果你只讲学校实务，说不定人家比你还强。你必须做苏霍姆林斯基、尼尔那样的人。虽然你不一定是杜威，但你必须是尼尔，必须是苏霍姆林斯基。你要贡献那个岗位上一般人不能贡献的思想。如果你没有思维能力，你就不可能做到。所以我觉得基本概念分析对大家是尤其重要的。

教育家要特别关注并且推进德育，因为德育本身很重要、很迫切，所以我先讲德育之急。

一般来说，一项事情"重要而且困难"，大家才着急。要同时具备"重要"和"困难"这两个条件。因为只具备一个条件就可能不太着急。比如说，只重要不困难，顺手就可以做了；只困难不重要，回避它就可以了。只有既重要又困难，不能忽视又不好完成的任务，你才着急。德育恰恰就具备这两个条件，是一个十分令人着急、捏一把冷汗的事业。

一般来说，大家都重视德育，都觉得德育重要。可是各位也都知道，德育是全部价值工作中最难做的。对不对？比如，别的领域都有可测量的工具，但是德育领域就没有。比如说你教过一段时间的数学，你想看看孩子学得怎么样。一个最简单的测量工具就是考一次试，然后把卷子收上来，一经批改，诊断功能、评价功能就都有了。但是德育却不可以。你搞了一段时间德育之后，一定想看看孩子们的品德发展得怎么样，"长高"了多少。可是，你有这样的测量工具吗？当然，这里的品德测评不是测单项的（仅仅测试道德情感或认知），而是说测量整个品德。为什么没有数学试卷那种工具呢？因为就算你能够测单项指标，单项和单项加起来是不是就等于整体呢？比如说，现在好多学校在品德测评的时候，一开始把品德分解为认知、情感、行为。这是合理的，大家基本上都是这么想的，全世界的心理学大家都承认，品德大体上可以分解为这三大块。假定我们对三大块的权重——道德认知、情感、行为各占三分之一——也不提出疑问，你就需要具体测量每个同学的单项成绩，然后把这三个单项的成绩加起来，得出这个同学的某种品德的总分。如果在其他领域，这个分数应该是可信的，但是在品德上就不可信。比如说，一名学生在某种道德的测验中情感项得分是 0 分，而认知项得分是 33 分，行为项得分是 33 分，那总得分是 66 分，虽然分数不高，但是是及格的。那就可以认定这个学生基本上具备某种品德了吗？肯定不能。因为我们都知道，如果对于某种道德价值、规范的情感是 0 分，也就是说从情感上排斥这个事情的话，那么该项品德实际上的总得分应该是 0 分，说不定还是负数。人类社会迄今为止，这个难题一直没有被攻克过。而且我们可以断定，这个问题短期之内看不到完全解决的希望，太难了。因为它那个变量，比如说你的情感项得分是 0 分的话，其他项的得分就都没用了。这种情况在别的领域基本上是不可能存在的。像数学学习，即使我对某个老师有意见，但是我仍然会相信他讲的一加一等于二。德育的问题特别难，也特别重要，所以全国人民都着急，从国家主席到普通市民。

对于教育工作者来说，大家遇到比较多的"德育之急"是如何促进学生品德发展这个特别棘手的问题。每人看到的情况不一样，但急的原因还是前面说的两个问题。肯定是要想办法解决问题的。有一个大的问题在哪？其实我觉得，不仅是对中国，对全世界的教育界都很重要的一个命题就是教师的德育专业化问题。我们日常讲"教师的专业化"，一般都指向教学方法、课件制作、教育技术等方面，这是教师专业化。但是教师作为一个教育工作者，德育这一块要不要？其实从近代以来，大家对教学专业化相对来说还是比较重视的。比如说师范生总会学教学五环节、学科教学论等课程，以及教学的理论、技术。但师范大学毕业的时候，没有人教师范毕业生怎么做德育，从来没有过。

为什么我说这个命题是全世界的问题？2003 年，联合国教科文组织的一个教师专业标准研讨会在上海举办，我当时就主张把"教学专业化"改成"教育专业化"。这样改有两个意思：一个意思是指不光教学人员，全体教育工作者都有教育专业化的任务；另外一个意思就是指"德育专业化"。开展德育好比上战场，不可以让人去上战场，却不教会他怎样打枪，是不是？而且不仅士兵要专业化，指挥人员也要专业化，甚至总司令也要专业化。在美国，顶多就是校长要专业化，校长要有资格证书。美国联邦教育署长不要资格证书，是政治任命。底下那些不同层级的公务员有教育上的专业化吗？大多没有。所以我说的教育专业化是指所有从事教育行业的人都必须到像教育家书院这样的机构去学习。教育行业的公务员也都必须专业化。为什么呢？因为教育、卫生、科技等行业的从业人员不可以昨天还是杀猪的、收税的，今天却可以"平调"来做教育局局长。杀猪杀得好，去个专业性不强的行业做领导还凑合，但就是不可以做教育局局长，就是不可以做卫生局局长，就是不可以做科技委员会的主任，这是常识。在我们国家，真有可能昨天是杀猪的，今天就可以当教育局局长。一些人昨天是乡长、县长，今天就可能是教育局局长、大学校长。荒谬之极！

**一位学员：**乡长、镇长做教育局局长很多的。

**檀传宝：**我记得我的一位做地方大学校长的同学有段时间特别郁闷，因为一位县委书记要升到他们大学里当书记。一方面这个县委书记的行政能力很强，但另一方面，他可能会把县里面的一些不好的习气（如行政化）带到大学里去。那对大学来讲就是一个灾难。这里不多说了，我的意思还是教育一定要专业化。

在德育专业化方面，包括校长的德育专业化、教师的德育专业化，现在做得最好的是日本。在日本，如果要去幼儿园、小学、中学当老师，获取任何类型的教师资格证书，都必须拿到"道德教育"的两个学分。如果在大学里你不修关于道德教育方面的课程，就拿不到那两个学分，进而拿不到教师资格证。我觉得这个制度是值得全世界效仿的。这样讲不是因为我研究的是德育问题，而是因为无论如何，做人的问题最重要，一个教育工作者从事教育工作时不能没有琢磨过"如何培育真正的人"这个基本问题。

教师资格证书在严格意义上来讲是应该更新的，但是我们国家目前还不是这样。其实十多年前我搞教师教育的时候，有两条重要心得：第一条就是教师准入标准要提高，而我们刚好反过来了。原来我们北师大、首师大等高校对师范生的培育是很严格的，一定要求实习多少天等。可是，后来的大学毕业生只要背两本教育学、心理学就可以拿到教师资格证书。几十年前我们搞封闭性的师范教育是没办法，实际上是一个速成的教师培育方法，是在大学生供不应求的情况下，要保证一部分人到教育战线，所以学生在四年里又学教育专业又学具体学科，毕业后再把你固定到教育岗位上去。这样的办法，其结果肯定是教育专业没学好，具体学科也没学好。现在不同了，大学生供过于求，满街的大学生找不到工作。现在要怎么做？要求先大学毕业，如果你想当老师，原来规定实习三个月，现在规定实习至少半年或者一年，之后再谈教师资格证书的问题。此外，你拿不拿硕士学位我们不管，但你必须学更多的教育学而不是笼统的一门公共教育学。我主张预备当老师的人都必须学课程论、教学论、德育原理、教师职业道德、教育技术等一系列的教育专业课程，不学这些课程就拿不到教师资格证书。要让教师资格证书比会计证、律师执照还难考，这样教师的水平、地位才能真正提高。现在的情况是教师资格证书是所有证书里最烂的一个，是最容易考的。教师专业化，教师资格证书的获得和教师资格证书的更新都要提高标准，其中有一项就是加强德育方面的专业化要求。但是要注意：德育专业化不等于师德素养提高。师德是一项，德育是另一项，不要把师德和德育搞在一起，它们是两回事。

讲德育专业化，首先就有一个到底什么是德育的问题。今天我们就以"德育"概念为例，看看专业化的理解与想当然的观念有无区别。

德育的概念说复杂也复杂，说简单也简单，一个"德"，一个"育"。"德"讲内容，"育"讲形式。什么是德育？就是讲什么是德，什么是育。但问题是这最平常的两个字，大家理解起来未必准确或专业。现实中大家对德育这一概念的误读其实就是对这两个字的误读，一个是对"德"的误读，一个是对"育"的误读。

对育的误读主要是形态上的，有哪些育算德育。而对德的误读则是内容上的，哪些东西算德育？今天上午我们就讲这两个问题，以及怎么去解决这两个误读。

先讲第一个问题，对育的误读。

所谓育，我觉得有三种形态。如果我问大家：德育是不是等于政治课，大家会怎么回答呢？近年，政治课的名称因学段不同而不同——幼儿园叫社会性发展，小学叫品德与生活、品德与社会，初中叫思想品德，高中叫思想政治……名称都不一样，但民间把它们都称为政治课。政治课只是一个概括性的说法，不准确，但是我的意思大家明白。德育就是政治课吗？你们的回答肯定是说不是。的确，从形态上讲，德育肯定不等于政治课。可是我们进一步问，在学校里德育还包括什么？大家一般会想到各科教学，比如中学的政治课、语文课、历史课，又如幼儿园的语言、艺术，还有别的领域。那我再进一步问，还有哪些？

**学员们：** 主题教育活动、晨会、班会。

**檀传宝：** 还有吗？

**学员们：** 教学语言。

**檀传宝：** 大家回答得很好。概括地讲，我觉得德育主要有三种形态。第一种形态是直接德育。所谓直接德育就是指德育意图公开、明确，德育任务是直接完成的教育形态，刚才讲的政治课是直接德育的典型代表。实际上，不止政治课，班会、晨会，甚至各科教学中的许多教育都是直接而非间接的德育。比如，历史老师讲完一个知识点以后停下来说："世界各大文明中，只有中华文明五千年没有间断过。所以我们的文明是伟大的文明，同学们应该为中华文明感到自豪！"这就是直接德育，因为他直接讲了。当然，他如果只是说"世界各大文明，只有中华文明五千年没有间断过"，那算间接德育，因为学生对祖国的自豪感藏在历史知识的学习之中。所以，不是说各科教学都等于间接德育。比如说数学课，里面有直接德育吗？当然有。关键要看老师讲到什么程度，如果老师讲祖冲之，讲当时世界上计算最准确的圆周率在我们国家，讲到这里还是间接德育；但如果老师说"你们应该像祖冲之那样努力学习"，就是直接德育。直接讲，就是直接德育。有人把校训、校园文化算作间接德育或者隐性课程。但这也得看校园文化具体指什么。如果校园里边明明写的是"为中华之崛起而读书"之类的口号，就是直接德育。所以，要对校园文化进行分析，校园文化不都是间接德育。直接德育是一种形态，它分布在不同的形式里面，要做具体的分析，关键问题是看你的价值是不是直接表达。

第二种形态是间接德育。间接德育指的是德育意图不公开、不明确，德育任务间接完成的德育形态。间接德育以在各科教育中的普遍存在最为典型，但它止于德育意图的直接表达。如果超过这个范围到直接的价值表达，就不算间接的德育而是直接德育了。所以，如果语文老师只是把《谁是最可爱的人》的文学性酣畅淋漓地表达出来，且止于此，而没有要求学生向志愿军英雄学习，没有要求学生热爱祖国，这节课就是彻彻底底的对文学美的欣赏，这个时候价值也在里边，但是没有被直接点破，所以它是间接德育。数学老师把祖冲之、圆周率讲完了，说那个时候中国人的数学思维是最先进的，讲到这儿就是间接德育。学生当然会自豪，因为它有暗示在里面，但它是间接德育。同样的道理，我们搞活动，并没有说是直接的德育活动，其间接的德育效果也和各科教学是一样的。

逻辑上，德育只有直接和间接两种情形，为什么还会有第三种——隐性课程意义上的德育呢？这是因为，多数情况下讲到间接德育的时候，隐性课程的作用往往会被忽略。隐性课程是什么呢？在我看来是间接里面的间接。

比如，我们只讲祖冲之，只讲圆周率是当时世界上最先进的，这是间接德育。因为虽有增强民族自豪感的教育在里面，但是没有明说。可是，这一民族自豪感的间接增强是怎么达成的呢？有两位数学老师用不同的教学形式去做。第一种是用讲授法，这是可以的。但是大家知道，讲授法从智力的角度来说抑制发散性思维，因为学生要顺着老师的思路去想、去学习，所以一般来讲在创造性上是有折损的，这是隐性课程。但讲授法也有好处，就是单位时间里传达的信息最多。讲授法有另外一种影响，就是德育，它是从人际关系角度来讲的。讲授法强化了演讲者和听众的不平等关系——讲课的是老师，听课的是学生，尤其是在课桌椅秧田式布局的情况下。教育社会学最初研究隐性课程实际上是从德育、价值教育切入，从研究班级里的"权力结构"开始的。比如，上课时老师老是提问某几个得意门生而忽略其他孩子，表面上只是提问的不公平，但实际上反映的是那些孩子在老师和孩子们心目中的不同地位。这实际上已经给孩子们分了等级，比如有些孩子更有权力、有些孩子更弱势。当然，如果我们注意到了教学安排、形成了较为平等的人际关系，也会在教室里形成新的权力结构，只不过这一结构更合乎伦理、更健康。隐性课程是什么？就是教师教同样一个祖冲之（显性课程），不同的教法会附带着、不知不觉地对学生产生影响，而这种不知不觉的影响就是隐性课程。老师在教祖冲之，大家都知道，所以是显性课程；附带发生的影响叫隐性课程，所以有的时候隐性课程也叫作附带学习。设想一下，如果老师不用讲授法，而用小组合作学习或者发现式教学。老师说："你们在网上找一找圆周率及它的计算过程，看看中国在圆周率的计算上有没有贡献？谁的贡献最大？为什么？"孩子们自己找，最后得出结论：中国有个祖冲之，那个时代圆周率的计算他做得最好。从显性课程、间接德育的角度来讲，这些教法教学效果是一样的，但由于是用小组合作式学习或者发现学习去完成教学任务，同样的显性课程背后的隐性课程有区别。这里你也会发现，隐性课程在这个意义上讲是间接里面的间接。由于多数情况下，它会被忽略，所以我才会不顾逻辑上的毛病把它单列出来，等于把间接的间接单列成另外一种形态，这第三种德育形态就是"隐性课程意义上的德育"。

那么，认识这三种形态有什么好处呢？我觉得至少有三方面的好处。

第一个方面，就是更清楚德育的重要性和德育的使命感。比如说，谁都知道德育的重要，谁都承认自己是德育工作者，但是在隐性课程意义上的德育概念引进之前，很多人并不能够从血液里承认这个命题。职称考试的时候问教师是不是德育工作者，所有的老师都承认，自己会是德育工作者，但并不是发自内心地承认。隐性课程意义上的德育很重要。隐性课程是什么？就是你跟人说话的腔调，你上课的课堂组织形式，等等。课堂组织形式有很多种，任何一种组织形式都是一种隐形课程，任何一种隐性课程都有德育的意义蕴含在里面。此外，任何一个学校制度也都是一种德育的隐性课程。所以，隐性课程会广泛到什么程度？除非学校里没有任何制度、没有任何教学组织形式、你这个人在学校里面不说任何话、你的眉毛不往上或者往下挑，否则你就得承认，"人人都是德育工作者"是一种事实判断而不是价值判断。因为价值判断可能是一种伦理上的合理性，是一种呼吁，有时候很苍白。但如果要真正明白间接德育、隐性课程意义上的德育是从事实判断得出的结论的话，所有人都必须发自内心地承认自己是德育工作者，必须肩负道德教育的责任。换言之，我现在强调的就是：不管你承认不承认，从教者一定是德育者。这是从影响的客观事实而非仅仅价值判断得出的结论。明白这一点，显然有助于教育者从血液里面明确、认同自己德育工作者的角色，自觉履行德育使命，不再推卸责任。逻辑上没有可能性从德育的逻辑里逃脱出去。做一个马马虎虎的害人的德育工作者还是造福于人的德育工作者，二者只能择其一。

第二个方面，就是有助于大家打开德育工作的思路。日常生活中，许多人一谈到加强德育，就狭隘地想到抓校本课程、主题教育活动，等等。花样好像很多，但是都是加法思维——那些花样都是"直接德育"的一种形态。如果我们把间接德育、隐性课程意义上的德育这两种形态也加上去，思路就更会开阔，绩效也一定会大幅提高。我想提醒大家的是，相较于直接德育需要一定的时间、空间、条件支持，间接德育和隐性课程意义上的德育几乎是"无本的买卖"——它们只需要在完成别的任务的过程中顺带完成。当然，"无本的买卖"也是有条件的，那就是教育工作者要完成德育维度的专业化，对德育专业知识和技能有一定的掌握。

第三个方面，就与大家日常德育工作的实效直接有关了。如果我们承认德育有三种形态，就像对学生"因材施教"一样，做德育的时候也要因自己的不同形态来设计德育活动。比如说隐性课程，它的概念对德育来说，就是告诉我们德育实际上有时候就是教育的全部。德育可以做直接的、间接的，也可以不做任何事。但不做任何事也行的前提是什么呢？第一，所有的老师和校长的德行是好的，也就是说所有从事教育的工作者都有基本的专业道德和最基本的一般道德，做人是善良的、有爱心的、负责任的。如果你是这样一个人，你的学生坏也坏不到哪里去。因为你的善良挥发在空气中，会感染到他们。这个时候你做校长、班主任、普通老师，你在孩子们中间，家长就是最放心的。大家做校长，最重要的任务，就是要找到这样的人做自己教育事业的同志。如果你找的人不是这样，就要把他们塑造成为这样的人。一天达成不了目标的话，那就五年、十年，你要做中国的苏霍姆林斯基。事实上，人们很少能记住那些大大小小的官员，可是能够记住大教育家尼尔、苏霍姆林斯基，等等。苏霍姆林斯基威望最高的时候曾被邀请去做教育局局长——级别很高的教育领导，但他拒绝了，一直待在巴夫雷什中学。按照世俗的眼光来看，巴夫雷什——一个农村中学算什么？可是苏霍姆林斯基在那里工作到去世，使得巴夫雷什中学成为教育的传奇。今天谁还能记得苏霍姆林斯基时代的教育局局长？但人们一定记得苏霍姆林斯基！我觉得主要是看你人生的价值判断、价值标准是什么。大家应当努力成为苏霍姆林斯基那样的人。只有成为那样的人，或者有那种志向，工作才有意义和幸福感。至少，要让我们和我们的同事"虽不能至，心向往之"。如果他们德行好，就一定会造就好的隐性课程。因为你的爱心弥漫在空气里面，那就是隐性课程，那就是德育。

当然，只有一般道德和职业道德很好也不行，还有如何专业理解、实施德育的问题。比如对隐性课程意义上德育概念的专业化理解。你对隐性课程理解到什么程度，德育效益就发挥到什么程度。比如说，让校园里的墙壁会说话，一般都止于张贴科学家的画像、格言，除此以外，你们还能想到什么吗？已经不可能会想到什么了。但事实上，校园里建筑之间的关系也是德育。进校门以后是行政楼在中间还是教学大楼在中间？这就是不同的隐性课程。比如现在给你1个亿去盖所小学，有A、B两种方案，在隐性课程的概念没有作为一个专业概念，或者你没有理解隐性课程的概念时，任何一个方案你都可能接受。比如建筑师给的方案，进门是草坪，然后是行政大楼，你不会觉得有什么问题。但如果我们头脑中有隐性课程的概念，把两个方案一比较，就会发现是不一样的。A方案进门就是行政楼，是强化校长在这个学校科层制的一种人际关系，建筑告诉学生：学校里面最大的是校长，其次是副校长、主任、班主任，这种关系在学校是不值得强调的。B方案呢？进门就是教学大楼、是教室。这一空间安排等于告诉我们：校长再大也是为大家服务的，孩子们才是校长所有工作的意义所在。民主、平等、尊重、爱心都在里面，这才是真正的"墙壁会说话"。当然，这里我只是举一个例子。我其实是想说，你应该发现隐性课程好在哪、用在哪。直接德育当然也很重要，也可以抓，但如果学校的所有工作都做到位，比如校长做得好，学校里的同事们都是不错的人，从隐性课程的角度来讲，学校的德育绝对差不到哪里去！老子的"无为"思想就是建立在这个基础之上的。不是说什么都不做，而是无为而有大为。无为之大为一定是建立在德行和业务都是一流、专业的基础之上的。

除了隐性课程意义上的德育，直接德育和间接德育的设计、开展也要考虑它们的形态特点。直接德育的优点是什么呢？不少人说美国没有直接的德育。第一，这个判断是错的，是有些一知半解的人在乱说。美国的直接德育只是在一段时期里比重比较低，但没有任何一个时期是全美国所有学校里都没有直接德育的。的确，有一段时间，由于受进步教育的影响，以及杜威公开说过直接德育的效果很差等原因，直接德育课程曾慢慢在大部分州、大部分学校里消失了一段时间。但事实上，即使那时直接德育也没有完全消失，所以不存在美国没有直接德育的问题。从20世纪80年代开始，美国开展了一个叫作"Character Education"的运动，我把它翻译为品德教育运动，也有人翻译为新品德教育运动。因为"Character Education"在英文单词里边包括两种，一种是现在的品德教育运动，还有一种是20世纪二三十年代以前本来就存在于美国的品德教育运动。比如说学生读物，20世纪二三十年代以前，在美国中小学生中最流行的读物之一是《麦加菲读本》，其中就是道德故事、社会化的寓言和故事，老师们用故事等来开展德育。到20世纪80年代，还有另外一本书，是由美国前教育部长贝内特编撰的《美德书》，现在在中国中、英文版都能买到。它实际上跟《麦加菲读本》是一个套路，都是试图让老师用书中的材料做直接的德育。20世纪80年代以来，品德教育运动在美国非常有影响，它尤其受到右翼政治家，比如里根、小布什等人的重视。我们共产党的一些干部觉得美国品德教育运动讲的话讲到他们心坎里去了，其实从政治意义上来讲，品德教育运动在美国是右翼的教育运动，是保守的运动。但是从教育领域来讲，品德教育是一个回归，它至少说明不能简单说直接的德育就不好。为什么这样？很简单，就是因为有些道理讲和不讲是不一样的，比如毒品的危害，讲跟不讲是一回事吗？宪法讲和不讲是一样的吗？当然不一样。"所有老师都是德育工作者，所以就不要开专门的德育课了。"这种思维在美国也被证明是错误的。为什么呢？因为研究者发现，如果把德育任务全部交给数学老师是不现实的。数学老师可以承担一部分德育，但他不可能停下数学课去跟学生系统地讲宪法、讲应当警惕毒品的危害、讲人为什么要诚实。数学老师最多讲你们作业要按时交、一个学生不可以不交作业之类，顶多讲这个。数学老师既没有那么多的时间，而且讲多了道德还很麻烦。所以我觉得直接德育一定有它的长处，就像讲授法到目前为止一定是全世界最常用的教学方法一样。为什么？因为如果老是用发现式学习、小组合作式学习来完成教学任务，时间成本我们根本耗不起。小学、幼儿园还可以较多地采用发现式学习，但到初中、高中，肯定是讲授法应用越来越多。我在威斯康星大学做访问学者时曾经专门跟过一个小学三年级和一个五年级的班级各一天，初中二年级、高中一年级的班级也各追踪观察了一整天。高一历史课讲"二战"，那位老师不光"一言堂"，而且中间连个提问都没有，连个设问都没有。我记得他一上来就讲斯大林，从头到尾把斯大林讲了50分钟，直到下课的时候说再见。你能想象吗？美国的高中也有这样的课堂，其实这并不奇怪。因为课程任务越重使用讲授法的可能性越大。反之，为什么我们幼儿园活泼一点？

**一个学员：**因为教学任务没有那么重。

**檀传宝：**是这个道理。同样的道理，虽然有许多人烦它，但直接德育也有它的好处。当然，直接德育也有它的弱点，学校在安排的时候一定要考虑到。

第一个弱点就是直接德育要占时间和空间。比如搞活动就要一个房间，这个房间就暂时不能做别的事了。又如上午要搞德育主题活动，那就不能搞音乐、不能教数学了。时间是一个常量，你用来做德育活动了，其他活动就要让位。你再怎么重视德育，直接德育的时间都应当是有限的。第二个弱点，直接德育适合年龄小一点、叛逆少一点的孩子。对于幼儿园的小朋友或者低年级的小朋友，老师讲的是"圣旨"。但直接德育如果重复太多，效率就会下降。最可怕的是到青春期以后，直接德育会遭遇孩子的逆反心理。所以直接德育的弱点是时间有限，又容易导致逆反心理。这两个弱点我们从事直接德育教学和活动设计时都要仔细考虑到。第一重要的思考不是具体事务，而是怎么让德育活动有质量、有可欣赏性，而且不能是用外在的东西吸引学生，而是用道德学习内容本身吸引学生。好比一个好的数学老师，不是因为给孩子们糖果，孩子们才喜欢数学，而是因为数学本身让孩子们着迷。所以要进行直接德育，前提性的思维是要使即将开展的德育有质量或者具有可欣赏性。

可欣赏性是我主张的欣赏型德育模式里的一个核心概念，就是我们要想办法让德育的内容和形式具有美感，让德育对象在欣赏中接受德育。受时间限制，我这里只举一个例子。

中央电视台曾经有过一个一分钟左右的公益广告：

下班时分，公交车里拥挤得要死。有个女士的脚被人踩了，于是大叫起来："没长眼哪，踩我脚了！"那位踩了她的男士在这种形态下就马上回击道："哟呵，来劲了是吧！"然后两个人吵成一团……正吵的时候，一个老人不紧不慢的声音出现了："得了，得了，年轻人。把心放宽了，就不挤了。"老人的声音特别轻，但是特别有感染力。然后电视屏幕上什么都没有，最后浮现一行字"宽容是人类的美德"……

这个时刻，宽容真的是美的，具有可欣赏性，并且大家都会欣赏。你可以想象，如果这位女士笑着轻轻提醒人家："对不起，你踩我脚了。"对方会怎么回应呢？一般都会说"对不起啊，踩你脚了"。两个人都很文明、很快乐地解决了问题。所以，两种不同的回应，造就了两种不同的生活质量。他们两个吵的时候，整个车厢都烦死了；但如果是后一种选择，温柔的、有风度的、文明的互动，大家就会心一笑，满车厢的人都会比较愉快。所以我一直主张，天堂和地狱只是一个隐喻，并不只是指向未来。同样的事情，你有道德品质，你的生活品质就高；你没有道德智慧，你的生活品质就低。总之，我们要用央视广告这样的形式，用德育内容本身去吸引孩子。直接、生硬地对学生讲人要宽容，也可以，但是效率会比较低。你让学生看一分钟这个广告，它的德育效率却是极高的。奥秘在哪？就是德育内容本身有吸引力、有可欣赏性。所以大家如果要做直接德育，在设计的时候一定要想：我用什么办法来使德育的内容和形式本身比较精致？

抓直接德育，最重要的就是要提高德育的可欣赏性。隐性课程最重要的特点则是要唤醒沉睡的雄狮。这是什么意思？就是所有人都要有隐性课程的意识。其实隐性课程本身不需要老师去做什么，但是要有这个专业意识。

间接德育呢？开展间接德育最重要的注意事项，我认为是要注意自然去雕琢。中国最近一轮课程改革对所有课程的教学都明确提出必须有"情感、态度、价值观"的教学目标。这一方面是巨大的进步，让大家有自觉的德育意识，另一方面也让大家犯难——如何使每节课都能完成这样的教学目标？比如说，一个老师上节课讲了祖冲之，这节课没讲祖冲之怎么办？如前所讲，如果专业地去理解德育形态，我们是不用每节课都费力去找祖冲之的。因为完整的数学课，好的数学老师把数学课教好，就是德育。比如，不光是数学老师跟学生说话的时候很有爱心、很有耐心才是隐性课程意义上的德育，数学本身就是隐性课程。因为数学对一丝不苟的学习习惯的培养，实际上就是培育科学精神，所以数学课只要教数学就行了。物理课教学也一样，只要教好物理就行了。每天把物理教好了，就是每一天都在培养学生的科学精神和唯物主义世界观。根本不需要让物理老师天天去找物理学家的故事，否则不仅让物理老师很受罪，而且一旦物理课变成了政治课或者德育课，物理、德育两方都会受损失。当然，更深层的还有教学法、教学组织形式、教学语言、体态等隐性课程意义上的德育对学生的影响。总之，间接德育就是间接德育，不要变成直接德育。勉强的东西，一定很丑！

很多人最粗糙的思维就是把德育等同于直接德育。曾经有一位校长在北师大听完我的演讲后对我说："檀老师，要不是有高考升学压力，我真的愿意跟你好好做德育。"

（学员们笑出声来。）

其实那个时候我的笑是跟你们一样的，我也只能跟你们一样笑。很显然，那位校长对德育概念的理解是有严重问题的，他把德育等同于直接德育，而且是他想象的那种占时间、绩效低的直接德育。其实直接德育如果有效，有助于升学率的提高。一个孩子每天在学校里生活得特别有劲，成绩反而差，这是不合逻辑、不合常识的。一个孩子就算不为国家、为社会学习，而仅仅知道"父母的钱来之不易，要好好上学"，学业成绩反而还会下降，这不是很奇怪的逻辑吗？所以，不是抓了德育升学率就会下降，而是反过来的。恰当地抓直接德育，符合我们刚才讲的质量观、有真正的可欣赏性，只会促进升学率的提升。所以，当那位校长那样说的时候，他不光没有意识到直接德育之外还有别的德育形态，而且对直接德育的理解也是有问题的。

我特别苦恼也特别着急的是，至今仍然有很多高中校长担心抓德育会影响升学率。我觉得很奇怪，为什么我们德育做好了、孩子们精神生活质量提高了、学习习惯好了，学习成绩反而下降？当然，这里的前提是学校的德育是不错的德育。现在，为了每年多几个进北大、清华的指标，许多校长都在疯狂地抓那些最不值得抓的东西。跟大家讲一个例子，一所在全省升学率排第四的"好学校"，现在上课的时间是从早上七点到晚上九点。请注意，我讲的是"上课时间"。我曾经在安徽的一所完全中学任教八年，最后两年还是负责高三和初三的教导主任。我觉得我们 20 世纪 80 年代的时候都比他们现在的思维要先进，因为至少我有效率意识。他们这样就是没有效率意识，怎么可以从早上七点钟一直上课上到晚上九点钟？但是，几乎全社会，尤其是那些观念比较落后的家长，都特别支持他们。这种东西会害死中国。因为中国要从原料加工型的世界工厂转向创新型国家，而如果我们的学校一直按照这种模式运行，中国的转型永远都没戏。所以我后来提议让这所学校去参观北京师范大学二附中。二附中下午第三、四节课是固定的社团时间，还不光是德育。二附中不光现在这样做，以前也是这样做的。我觉得这样的学校是值得肯定的。人家 20 世纪 80 年代就开始抓人文素养教育，德育做得很好，升学率也没有下降过。我觉得二附中的曹校长特别实在，他曾经对我说："檀老师，我们也不是不在乎升学率，高中的校长怎么可能不在乎升学率啊。但是升学率应该是孩子健康、全面发展的结果，是顺其自然的产物，而不能倒过来。孩子发展得好，考北大、清华的自然就应该多一点。"有这种认识是需要气度跟品位的，大气也就是这个意思。我认为，这种大气建立在正确把握教育、德育概念的基础之上。我不认为曹校长一定是最好的校长，但是我想他应该是全国最好的校长之一。河北省一所著名中学提倡上课的时候零抬头，但这样的话，即使升学率高又怎么样？

总之，我觉得对于德育形态的认识大家都应该有，而且不应止于德育。大家应该将这些认识成果应用到自己的学校管理、学校哲学或者办学理念中去。要是我们自己都不在行却去领导学校的德育，那所学校的德育和教育当然也不会在行！

前面我们说对德育概念有两个误解。除了对育的误读，还有对德的误读，特别是关于德育概念里边的"德"，到底应当包括哪些内容，它们之间是什么关系等的认识，可能不专业、不准确。

**一个学员**：檀老师，刚才我有一处没听清楚。您说获得教师资格证必须在大学里修两个有关德育的学分，是哪个国家？

**檀传宝**：日本。

**一个学员**：课程内容呢？

**檀传宝**：内容就是教人如何做德育。日本的德育课程设置一方面比我们弱，但另一方面体制上的保障又比较强。为什么说比较弱？我到过日本很多次，最长的一次是应邀在日本鸣门教育大学讲学半年。我去拜访过很多同行，观摩过很多道德课教学。我觉得他们没有很多原创性的东西，道德课程的时间也比我们少。但他们强在哪里？就是教育类大学都固定有几个人在做德育研究。为什么呢？因为它要提供教师资格证书的学分，就要开设道德教育的课程。这门课程不是只给教育专业的同学开设，而是给所有想拿教师资格证书的同学开设的。

**一个学员**：有教材、评价方式和标准吗？

**檀传宝**：因为德育只有两个学分，所以都是揉在一起的，就是一门教师教育课。

**一个学员**：就是专门有一门课。

**檀传宝**：对。

我们还是回到对德的分析吧。

思想、政治、品德、心理健康，国防教育、反吸毒、预防艾滋病，中国德育的德几乎无所不包，但许多关系都没有很好地澄清。我在这里集中讲儿对关系。

首先，道德教育与心理健康教育的关系。

狭义的德育实际上是道德教育或品德教育的缩写，大德育则包含很广。中国（大陆地区）对德育概念的界定最突出的毛病有两个：一是大而无当，二是泛政治化（或者过度政治化）的倾向。前者最突出的问题之一，是对道德教育和心理健康教育的关系存在认识上的误区。

社会上大多数人，甚至在政府颁布的有关文件中，都把心理健康教育划进德育的范畴内。最常见的就是将思想政治、品德、心理健康教育并提。我认为这非常不妥，且迟早要予以纠正。

为什么说心理健康教育不能归于德育领域呢？主要是因为这样的分类违背了一个基本的标准：德育应当是一种价值教育。思想教育、政治教育都具有这种价值教育的属性，所以大德育可以包括思想政治教育，而心理健康教育却不具备这样的性质。心理健康教育涉及的许多问题是中性的问题，无所谓善恶。比如，患自闭症、抑郁症的人不应当被认为是坏人。所以，不能将心理健康教育和德育混为一谈，无论这个德育概念大或是小。当然，不是说心理健康教育和德育没有关系，二者甚至有非常密切的内在关系。但是，这种关系是属于两种不同范畴之间的联系。将德育与心理健康教育混为一谈不但不能得到教育学界的普遍认同，也无法得到心理学界的认同。许多从事心理健康教育的学者都一致认为不能将二者混为一谈。比如有心理专家曾经分析说，面对离婚过程中的心理压力，心理咨询不对它作道德判断，而只是负责解决离婚过程中的相关心理问题，达到舒缓压力的效果，就算基本完成了任务，它基本不负对心理咨询事件中的相关道德问题作价值判断的责任（虽然这一问题涉及道德及道德教育的层面）。

概念之间的混淆会导致教育实践的误判、误诊，导致危险，甚至不必要的悲剧。如初中生的叛逆问题。叛逆期的孩子的想法、做法和成人世界的期待常常不同，甚至截然相反，孩子的行为往往悖逆成人的期待。但从心理发展的角度来讲，孩子的叛逆是值得成人社会欢呼的事情，因为这一现象证明孩子已经发展到了比"乖宝宝"更高级的阶段。很多家长将孩子的叛逆行为完全看成是道德领域中的问题，于是很想将孩子的叛逆行为矫正过来，结果往往适得其反。实际上，如果能够将这一过程看作是孩子积极的心理发展过程中需要作适当调适的问题，家长和孩子都静下心来平等对话，孩子自然会欣然接受成人的善意规劝，矫正自身的某些不当行为。成人如果继续将积极的心理发展现象看作消极的道德表现，摆出家长的权威不可侵犯的面孔，强行向孩子施加自己的"道德教育"，结果可想而知。这样下来，最起码的亲子关系也会受到影响，酿成悲剧。又如青春期的早恋问题。我认为青春期必然存在这一问题，但十之八九不是德育问题或道德问题。因为孩子在生理上成熟的同时，心理上必然也要跟着成长。与叛逆是成长的表现一样，成人社会应该欢呼花季的到来。只有在这个前提下，帮助孩子解决与早恋有关的心理和行为问题才可能有效。

由此可以看出，心理健康教育虽然重要，是与道德教育密切相关的领域，但是与道德教育并不属于同一个范畴。当然，我前面已经说了，不在一个范畴不是说它们没有关联。道德教育与心理健康教育是相互影响、有内在联系的教育范畴。这主要源于二者之间相互作用的关系。

心理状况会影响道德行为的表现和结果。这个不难理解。有同样爱心的小朋友，我们假设一个性格特别外向，另一个特别内向，则他们的爱心会有完全不同的表现和结果。前者可能好心办坏事，后者则可能茶壶煮饺子。于是，老师会建议前者表达爱心的时候要多冷静思考之后再行动，后者则需要将爱心适当地表达出来，让人感受到爱的温暖。通过心理调适，可以让道德行为效果更佳。你可以说这是心理健康教育，也可以说这是道德实践策略的训练。

反之，道德也会影响心理。孔子所说的"仁者无忧"，就是典型的道德对心理健康产生影响的例子。一个随时都准备把东西奉献给别人的人是不会担心失去什么的，这就是"仁者无忧"。随时都准备去帮助别人的人很少会去计较谁占便宜、谁吃亏。这种人的心理一定是健康的，一定比那些成天算计的人心理更健康。

有道德的生活选择，其实是一个人的生活质量最有力的保障。因为有了一定的道德品质，无论贫穷还是富有，你都会幸福。相反，如果只是富有而没有最起码的道德，一样不幸福。大家看看那些豪门大宅里有多少不幸的人，就可以明白这个道理。所以，我觉得最好道德和心理健康相互促进。因为有道德，所以很阳光；因为很阳光，所以在帮助别人的时候效益也非常高。

我觉得做德育的、当老师的都应当幸福。如果老师活得很艰苦，对学生来说就可能是一个生活失败的榜样。老师不幸福，就很难说服他的学生去做一个有道德的人。但是一个遵守道德的人，不一定是物质上最丰厚的人，但却一定是生活幸福的人。他可以很穷，但是他同时可以很阳光，可以很幸福，甚至可以是世界上最幸福的人。世界上只有教育行业专有一种幸福，即"得天下英才而教育之"，别的行业都只能保证自己的幸福，却不能再生产幸福。一个教育局办公室主任曾经跟我说他之前当老师，教书教得很成功，个人生活却很"失败"。成功是因为他的很多学生现在都很牛，其中还有市值上亿的公司老总；失败是自己生活得很差、收入很低。我跟他说："你应该调整一下，教师工作的意义从来都不是让自己特别富有，而恰恰就在于培养那些可能造就亿万产值的企业家。那些人不是与你没有关系，他们恰恰是你工作的意义所在！"教师工作的意义不在于致富，而在于"复制"天下所有的豪杰！教师的幸福在于可以"得天下英才而教育之"。但这不是说天下所有的好孩子都聚在一个老师的班里。即便孔孟也不可能做到这样。"得天下英才而教育之"是在讲教育这个行业，在这个行业中大家都分享着这个世界上最大的幸福。所以，我觉得只有阳光的老师才能现身说法，让孩子们过他那样幸福的生活，向他看齐。如果一个老师整天愁眉苦脸的，怎么说服他的学生跟他走，像他那样生活？不可能的。总之，我觉得心理健康和道德发展要相互支持，心理健康教育与道德教育是相互联系、相互支持的关系。

接下来，我讲一讲政治问题。

在中国，很多人讲加强德育的时候主要是讲加强政治教育。但我们对政治教育跟道德教育的关系处理得不好，主要体现在两个方面：第一个是泛政治化。泛政治化有时候也可以叫作过度政治化。泛是讲范围，过度是讲程度，这两个概念实际上讲的是一个东西，就是把所有的教育都搞成了政治教育。所谓德育实效不高，很多时候是指政治教育实效不高，甚至声名狼藉。非常荒谬的逻辑是，教育效率不高有时候就是因为领导太重视，形式主义的强迫命令太多。什么都讲政治教育，效果反而很差。

袁贵仁部长在北师大做领导时曾经跟我交流过对大学德育的看法。他认为，大学德育、政治教育抓不好，一是不讲理，二是有道理没讲好。我认为，无论哪个政党，无论谁有多大的权力，都不能违背教育规律。比如扩招之后高等教育质量下降，学生找不到工作。原因是中国的 GDP 还不是世界第一，人均国民生产总值只有美国的十分之一，我们凭什么供养世界上最高规模的高等教育？我们现在高等教育的规模比美国的大，凭什么？我们要建世界一流大学，短期之内是做梦。什么叫世界一流大学？北大、清华、北师大必须有能力把哈佛、斯坦福、牛津、剑桥所有想聘的老师都聘来，能够做到这一点，才有可能成为世界一流大学。国家一时兴起，给某一两个大学投资十几、二十几个亿，觉得好像挺多，但离成为一流大学还早着呢。仅凭中国目前的教育投入，短期内是没有希望建成世界一流大学的。德育也一样。泛政治化教育实质上是强制你接受某个政治观点，这不仅在道德上是最要不得的，就教育效果而言也必然很差。全世界皆然。

第二个是去政治化。政治教育太多必然有点招人厌，这时人的思维就可能走向另外一个极端，就是去政治化。比如说一个学生问他的物理老师某个敏感的政治问题，反感政治的老师本来对这些东西就一肚子恼火，他会说："去问你们政治老师吧，我可不懂，我只懂正电荷、负电荷！"他这样回答可能是事实，但是从隐性课程的角度来分析，这位老师已经把他对政治的强烈不满和非理性情绪一锅端给了他的学生。而这种非理性的政治教育反而是有效的，只不过是负面的效果。所以说，有的时候显性课程跟隐性课程可以说是反过来的，讲民主可以用专制的方式去讲，显性课程是民主，但隐性课程传达的是非民主、反民主。所以这位物理老师的逻辑是错的。任何人都是德育工作者，都没办法逃离包括政治教育在内的生活逻辑。我们所能做的，只能是选择做什么样的政治教育。每个人都必然要过经济生活，要过文化生活。同样道理，不过任何形式的政治生活是不可能的。比如说选举，即便你不去投票，弃权也是一种政治行为。美国前总统小布什两次当选基本上都是弃权导致的。所以无论你选择哪种方式，都是在过一种政治生活。一个负责任的教育家要做的，应当是谨慎选择这种或者那种政治教育，而不能选择不做任何形式的政治教育。

讲到这里，有人可能会问："你刚才讲泛政治化的时候说不能搞假、大、空，那幼儿园可以搞政治教育吗？"这是一个很有趣的问题。

我认为，即便在幼儿园，也一样可以进行政治教育，问题是你说的政治教育中的"政治"指什么。我举一个公民教育的例子吧。与政治教育相近的词就是公民教育。2006 年，我去英国待了三个月，专门去进行公民教育方面的考察。我参访过六所学校，其中三所中学、三所小学。这六所学校都有一些共同的东西，一是课程，无论小学还是中学，公民教育都是国家课程；二是每个学校都有所谓的 School Council，可以翻译成学校议会或者学校理事会。School Council 是什么意思呢？比如说一个小学有 1000 名学生，从每 100 名学生中选一名 School Council 的成员，这十名学生再加上教师代表、学区代表一共 13 个人，共同组成学校议会。他们可以决定学校的一切重大事务，作出的决定校长必须执行。比如说一所小学的学生代表发现学校的棒球场基本没人而玩浪费了，足球场却太小，School Council 就要求把两个球场合并到一起，那校长只能执行。如果校长不想执行，他就必须向 School Council 的每位代表游说，再进行重新投票。多数人接受校长的意见，校长才可以不执行。否则，校长就必须遵照决议去做。这个就是政治教育，就是公民教育。不仅如此，英国人把它看成公民教育非常重要的形式。这实际上就是杜威和陶行知讲的生活教育、做中学。大家仔细想想，School Council 跟校长的关系其实同英国议会与首相的关系是同构的。孩子们生活在这样的环境中，不学政治学也已经知道了大概。如果有合理的诉求，孩子们知道应该用什么样的方式实现。政治是什么？政治是众人之事。政府是什么？是管理众人之事的机构。这是孙中山先生的话，我认为非常通俗而精辟。政治的概念很大，不等于阶级斗争。幼儿园里的德育教育叫社会性发展。社会性是一个概括性很强的词，其实是教小朋友怎么处理纠纷、怎么遵守规则，长大了就知道怎么做人大代表的。所以，我们跟孩子是以平等的方式说话还是以不容讨论的方式说话，从隐性课程来讲就是政治教育，是民主的政治教育还是专制的政治教育。因此，从一定程度讲，是否尊重孩子不仅仅是职业道德的问题，也是政治教育的问题。

我这些年一项非常重要的努力就是希望推动中国的公民教育。公民教育似乎在政治上特别敏感。一方面，现在很多地方自发地与美国公民教育中心合作开展公民教育，引起了国家有关部门的担心。一些人觉得底下搞的公民教育很危险，却不积极建构自己的公民教育概念。其实根本不用怕公民教育，"怕"往往建立在无知的基础之上。放眼当今世界，最重要的发展趋势就是经济全球化和政治民主化，谁都不可以违背。随着中国义务教育的普及，如果以专制的方式对待年轻的一代，将来只会引起更大的德育问题。体制上的民主化是中国特色社会主义的应有之义。当然，民主化要稳妥一点，不可以太激进，否则会造成国家分裂、社会动荡，我们会失去更多的民主与自由。激进民主化不行，但也不能走封建的路子，政治上必须往前走。这是问题的一个方面，另一方面就是教育问题了。光进行政治体制改革行吗？我举个例子，吴邦国委员长在2011年上半年宣布，"我国已经基本形成了社会主义法律体系"，但他呼吁仍然要努力奋斗，建立"社会主义法治国家"。这很奇怪，法律体系都基本形成了怎么还以建立法治国家作为奋斗目标？道理很简单，我们的法律条文都有了，可是我们的某些法官会和罪犯一起合谋怎么给罪犯脱罪。制度有了、文本有了，但法治的主体没有，执法的人没有，行吗？做教育的人现在一定要认识到大局、大的趋势，教育家要有前瞻性。中国的教育现在不做公民教育、不培养孩子积极理性地参与公共生活，将来会搞乱了政治民主。所以在观念上一定要抓公民教育，有公民教育的意识。中国的公民教育是什么？在我看来就是社会主义民主政治教育。我们要努力教会孩子过民主的生活，理性、积极地参与公共生活。消极逃避公共生活不好，"各人自扫门前雪，不管他人瓦上霜"，不是公民是"私民"。另一方面，培育臣民也不行。臣民没有平等的、民主的人格，只有义务没有权利。臣民人格上属于他人，也是另外一种"私民"。公民人格和道德人格是相互支持的，两者要互补。因为有时候不讲公民人格只讲道德人格，好好先生容易造就腐败，造就社会的不公正。

最后讲一下礼仪教育。

礼仪教育非常重要。我是南京师范大学毕业的,很多年前江苏省教育厅的一位官员跟我说,南师大的教育有问题。我问什么问题。他说,南师大的一个硕士毕业到他们那儿去工作,连倒杯水都不会!虽然我当时毫不客气地回击他说,我们南师大培养硕士不是用来给你倒水的。但是反过来想,人家的话也不一定全错,一个硕士毕业的人应该对教养、修养有认识,应该会倒水。哗啦倒一杯水,那叫不会倒水;倒水的时候很关心对方,很有礼貌,他就觉得你会倒水。涵养、教养本来主要指小事情,就是那些能够体现出关心别人的事情。比如你推旋转门进去的时候要看看后面有没有人。有教养跟没教养就体现在细节上。中国的德育有许多问题,最突出的表现之一就是我们只讲大道理,小的细节都不讲,这是不对的。道德教育就是要教这些小的东西。道德教育就是要教会孩子们关心别人,有教养,不粗糙。所以我觉得礼仪教育非常重要。

但是礼仪教育也存在问题。发现礼仪教育的重要性以后,好多学校从幼儿园到高中都开始讲,但是讲得太技术化了。我举一个例子,去年七月份,上海市教委成立了一个学生品德发展中心,邀请了全国六七个单位去揭牌,我代表北师大去了。结果那天在首都机场被国航耽误了,应该是早上九点钟从北京起飞,但是下午两点钟才起飞。那天险些发生"暴动",为什么呢?就是礼仪教育没做好。刚开始,飞机晚点是因为雷雨,大家都能理解。等到十点的时候,雷雨停了,开始有飞机起飞了。大家就在那儿盼飞机起飞。最后发现同样是国航,一班九点半从北京飞到上海的飞机已经起飞,大家就不干了,就去讲理。十一点我们的飞机还没起飞。工作人员先是解释说是因为卫生没打扫好，后来说正在上行李。最后我们发现根本不是这些原因，而是机组人员找不到了。这大概是史上最荒唐的误点理由。一位服务小姐在被我们"围攻"的情况下，不停地用对话机跟"领导"对话，我们才听到真实的原因是机组人员找不到了——机组人员大概以为雨要下一天，就去找地方休息了。什么东西险些引起"暴动"呢？就是在这个过程中，很多人都去找服务人员论理，那位服务小姐始终面带微笑地跟我们解释，在知道是机组人员找不到以后，她还是面带纹丝不动的微笑。恰恰就是这样的微笑让一位老先生急了，老人家把桌子"砰"地拍响，说："你别给我嬉皮笑脸，好不好？"即使是这样，那位小姐仍然保持着职业的微笑直到最后——职业学校的礼仪课程就是这样训练她的。

作为一名教育工作者，我当时心里就很难过，因为我觉得是礼仪教育害了这个孩子。这个时候，她的自然的表情应当是跟我们一样着急、愤怒！我得出一个结论：完整的德育，同时需要下两个功夫，既要教人洒扫应对，也要明心见性。因为所有的礼仪不过是善良、尊重、公正这些价值的表达，如果没有内瓤，或者有内瓤但是不能妥帖地表达出来，礼仪教育就会害人。礼由心生，礼仪教育一定要跟孩子的善良、爱心这些最基本的心的培育结合在一起。只教孩子手怎么放、怎么笑是不够的。要教孩子笑是什么，笑是高兴、善意的表达。必须做这个链接，不然，只是机械训练就太可怕了。那个时候，我一方面真心佩服那位服务小姐的敬业精神，另一方面也在想，如果礼仪教育完善一些该有多好。

讲课只能讲有限的东西。如果大家业余有时间，不如看一些东西然后学以致用，挺有乐趣，但不要作为任务。我的硕士生、博士生到我家里去，他们说自己的孩子多坏，讨好的时候就拼命讲好话。我回头一问就把他们问倒了。我说："那你的孩子属于道德发展的哪个阶段啊？"有几个人就愣在那里，然后我就笑着说："你们几个人跟我学德育都是学那些记诵的东西。"因为按照科尔伯格讲的三水平六阶段，这是典型的利己主义、互惠的道德判断阶段，这个阶段的孩子是根据做这件事对自己有没有好处来作判断，其实事情对错与对他有没有好处是两回事。学了一大堆科尔伯格的理论，但这些知识并没有迁移到日常教育生活里去。我认为，学了科尔伯格的理论，至少应该能够判断孩子的道德判断处于哪个阶段，要促进他发展的话就要用高一个阶段的判断去跟他互动。

大家在机场吵吵嚷嚷的时候，我就觉得那是一个德育问题，礼仪教育怎么把人教成那样？我觉得教育学的学习如果能让大家尝到学习的乐趣，就会激发内在的学习动机。我主张人人都要学教育学。我到北师大从事博士后研究工作时，给中文系的学生教公共教育学。因为那时候师范生都是强制的，好多人并不愿意当老师，他们听教育学的时候都愁眉苦脸。我说没有关系，你们听教育学不吃亏的。他们问为什么。我说教育是生活的一部分，而且你未来生活幸福不幸福很大程度就取决于你有没有教育学的素养。就算你不当老师也没有关系，你当不当爸爸或妈妈呢？你不当爸爸或妈妈也没有关系，你是丁克家庭，不结婚，但是你总得做一个好的叔叔或阿姨吧？你如果想当一位好一点的叔叔或阿姨，也要有教育学的素养。说过这个之后，大家都愿意学教育学了。我觉得德育也是这样。这个讲座一方面是专业的德育讲座，另一方面，大家有时间可以琢磨一下今天的许多建议，用来提高工作效率。学习更多，人生的厚度就会增加，人生的幸福感也会增加。教育家很辛苦，但并不是一个很苦的差事。大家如果要做教育家，就一定要立志做最伟大的、最幸福的教育工作者。

**主持人：**非常感谢。大家有什么问题可以跟檀老师互动一下。

**一个学员：**檀老师，听完您的课之后我非常受启发。您讲的许多问题实际上我们也一直在思考，但是一直没有这种系统的、理性的思考。有的时候忙于杂务，总觉得似是而非，也就这么做了。听了您的报告以后我在想，您讲的这些，有没有写过系统的书，让我们回去可以继续学习？

**檀传宝：**北师大出版社出版过我的两本书，一本是《德育原理》，还有一本是《教师伦理学专题》。《教师伦理学专题》是讲教师职业道德的。教育科学出版社有两本你们也可以参考，一本叫《德育美学观》，还有一本叫《信仰教育与道德教育》，这分别是我的博士论文和博士后研究成果。有几本最新的著作，你们可以关注一下：《浪漫：自由与责任——檀传宝德育十讲》《走向德育专业化——学校德育100问》和《德育的力量——"北京市德育专家大讲堂"实录》（已经于2012年出版），都由华东师大出版社出版。尤其是《浪漫：自由与责任——檀传宝德育十讲》一书，是我近十年的演讲录，大家读起来可能更有乐趣。

读书需要用滚雪球的方法，比如像《德育原理》《教师伦理学专题》《浪漫：自由与责任——檀传宝德育十讲》里面，有引用的文献还有列出的参考书目，你觉得哪段话有意思，可以找来看一看，说不定你也喜欢。尤其是引用的次数比较多的，一定是我比较喜欢的。我在教育科学出版社有一套译丛——"当代德育理论译丛"，大家也可以参考。还有魏贤超教授，他在很多年以前也有一套类似的译丛，叫"20世纪国际德育理论名著文库"，浙江教育出版社出版的。杨韶刚教授的"道德教育心理学译丛"，是黑龙江人民出版社出版的。大家可以找这些书来看。你真要去琢磨德育的话，有好多要看的东西。比如教科社出版的诺丁斯的《学会关心——教育的另一种模式》，范梅南的《教学机智——教育智慧的意蕴》等，不是直接讲德育的著作，但是里面也讲了教育活动的教育性、教育意向等，实际上与德育有内在关系。

**一个学员：** 檀老师，我请教您一个问题，前一段时间报纸上常报道桑兰到美国去打官司，这件事情您知道吗？我们该怎么去看待它？

**檀传宝：** 我只能讲一下我的个人看法，带有我个人的价值判断和一部分专业判断。

今天其实有一个话题没有讲，就是道德教育与经济教育的关系问题。经济教育一方面是经济学的教育，与道德教育没有关系，因为它讲银行利率、讲理财；另一方面就是与道德有关的财富观之类的教育。小朋友都要过经济生活，财富观如果坏了，就等于人的精神器官生病了，就会出大问题。在精神器官生病的情况下，财富是会害人的。比如说最典型的例子，有钱人有可能最后毁灭自己——大城市里有好多富人吸毒，因为他们思想空虚、没事干，想尝试一下。但是不是富人都吸毒？不是。只有财富而道德智商不配套才会出问题。如果财富观、人生观有问题，财富越多越有害。所以现在有关财富的教育亟须跟上。

桑兰这个问题，在我看来，悲剧之一是她在财富观上可能有些问题。海明原来说是免费为桑兰辩护，后来收回来了，而且讲特别无耻的话，说自己没有雷锋那么无私的精神，为桑兰免费辩护是因为她说她在国内每月收入不到300美金，而实际上却不止。我觉得海明以前跟公众讲无条件、免费为桑兰辩护，现在却整这些理由，至少是违背诺言了。可是倒过来，桑兰信守诺言没有？桑兰有最基本的感恩的心吗？在她最困难的那几个月，人家对她是不错的，桑兰自己也承认这一点。而且她的权利主张从法律上讲也是有问题的，纽约的检察官就不支持她的诉讼，因为时间太久，也没有证据。当然这个事太复杂，桑兰也有值得同情的一面。

有时候，公民人格跟道德人格是有矛盾的。公民人格强调有权利就有资格去诉求、去维护。但有时从道德人格上讲，结论可能会不同。当然，道德里有两种道德，其中一种是公正的道德，就是讲一对一。但公正的有效性有时候非常有限。比如教书，有人说，给我多少工资，我就教多少。实际上这是无解的说法，因为知识分子的劳动是没办法量化衡量的。你说给你多少钱你就干多少活是怎么算出来的呢？桑兰这个问题要是仅仅从公正和权利的逻辑来讲，问题不大，她可以有自己的诉求。但从更高的道德层面来讲，肯定也有不对的地方，而且海明对她的反击最典型。但是海明也有道德瑕疵，谁让你一开始说免费为桑兰辩护的？如果你最终不能够守信用，一开始你就不要高调。

整体上说，市场经济往往把人的格调向下导引。而道德教育一个非常自觉的使命就是应该讲真善美、讲高尚的东西。高尚不是让孩子傻得连自己的合法权益都不维护，而是一方面知道要维护自己的合法权益，另一方面知道有更高境界的东西。我觉得这两个方面的教育都很重要。

**主持人**：好了，谢谢大家的积极互动。但是下课时间到了。让我们一起感谢檀老师的精彩演讲！

［本文为 2011 年 8 月 15 日上午为北京师范大学"教育家书院"的学员所做演讲的实录。主持人为郭华教授。］

# 立场、命题
# 与操作

## ——欣赏型德育模式的基本理论

《公民道德建设实施纲要》颁布以来，无论教育界还是整个社会，对学校道德教育的关心程度均大大提高。但是，如何真正提高学校德育的吸引力和实际效果的问题一直难以解决。"欣赏型德育模式的建构研究"作为全国教育科学"十五"规划的国家重点课题，是檀传宝教授在对我国德育问题进行深入研究的基础上，以德育美学观为理论基础的实验研究，有可能对提高我国德育的成效起到一定的作用。基于此，记者就欣赏型德育模式的相关问题与檀教授进行了深入交谈。

**记者（以下简称"记"）：** 檀教授，"欣赏型德育模式"这一提法令人耳目一新。我想，您是希望通过欣赏而不是灌输实施德育。您最初是如何考虑这样一个命题的？为什么要建构欣赏型德育模式？

**檀传宝（以下简称"檀"）：** 首先，为了提升教育质量。目前我国教育实践中诸多教育异化现象虽然不能完全归结为趣味的丢失、没有按照美的规律进行教育，但是我们至少会认同，教育中严重的功利主义取向，教育中人和人的意义的遗失等，肯定与超越性的缺乏，必要的趣味、境界等审美要素的缺乏有关。因此教育质量化的应有之义之一是教育的审美化。欣赏型德育模式则是这一审美化抉择在德育实践上的具体构想。如果说过去的德育相对简单，对规范、约束强调较多，那么，逐步走向小康水平的社会在教育上是否到了不仅强调道德规范的简单授受，也开始追求道德教育的自由与个性境界的时候了呢？欣赏型德育模式的建构实际上是对学校德育更高境界的一种设计。

其次，为了解决实际德育问题与困惑。在一些人看来，道德规范就是人生的绝对真理，道德教育就是要将这些"放之四海而皆准"的绝对真理交给年轻一代。这种关于道德和道德教育的理念使得道德教育成为纯粹"规训"他人的道德灌输过程。而在另一些人看来，从来就没有道德上的金科玉律，道德法则是为我所用的工具，道德教育的过程不过是特定个体在教师的关照下自由选择价值标准的过程。这样两种截然不同的理念造就了两类基本的德育模式，我们可以大体上分别称之为德育的传统模式与现代模式。德育的传统模式与现代模式孰优孰劣？很难下结论。比较起来，似乎是现代德育模式更好，而且的确"战胜"了传统德育。从文化的角度而言，东方社会与东方德育迄今为止实际上仍然主要偏重传统模式，道德教育上的强制与灌输的痕迹十分明显。事实上，在世界范围内，大家都在寻找一条"中间路线"——既传统又现代，既绝对又相对，既强调基本价值的引导又不妨碍道德学习主体的主体性充分发挥的综合德育模式，欣赏型德育模式其实希望解决这样一个两难问题。我们的基本假设是：道德教育的内容与形式如果可以处理成一幅美丽的画、一曲动听的歌，那么与这幅画、这首歌相遇的人就会在欣赏中自由地接纳这幅画、这首歌及其内涵。道德教育的价值引导与道德主体的自主建构两个方面在"欣赏"过程中得以统一。

**记：**您的解释让我们感到欣赏型德育模式的理论和实际意义都非常重大，能解释一下您对这一教育模式的深层次的教育思考或者假设吗？

**檀：**就我个人而言，欣赏型德育模式是经过深思熟虑的。除了我的专著《德育美学观》以外，近年来许多关于德育的思考都促使我提出这一设想。欣赏型德育模式建构的主要理论依据是：德育过程是对学习主体道德自主建构的帮助过程。德育过程到底是一个什么样的过程？迄今为止，德育界实际上主要信奉的是一种品德转化理论，即认为德育过程就是学生价值观念的转化过程——教师由外而内向学生灌输价值观念，培养成人社会所需要的品德的过程。转化理论作为一种强调灌输的理论从根本上否定了德育对象的主体性。长期以来，我国德育在思想上的某种强制特征之所以"挥之不去"，其教育思想上的根源即在于此。教育工作者必须承认儿童具有先天的道德禀赋，德育过程实质上不是由外而内的转化过程，而是由内而外掌握或生成的过程。换言之，道德教育有表面上的转化问题，但本质上是内发和生成或建构的过程。提倡道德上的生成或建构理论并不是说转化理论的内涵中没有任何合理性存在，道德学习主体的自主建构过程决不可以理解为完全放任的自生自长的过程。自主建构和价值引导必须同时提出，以形成德育是"价值引导与自主建构的统一"这一完整的命题。

我个人认为：价值引导只是真实有效的学校德育的条件，而非德育过程发生变革的本质。德育过程的本质是道德学习主体在教育工作者创设的特定价值情境中不断主动和自主地改造自己的品德心理图式，不断实现道德人格的提升。

**记**：您的上述想法的确很有理论深度，也很有意思，涉及德育过程的一些基本问题。能否阐述一下您的理论对一些基本德育问题的认识？

**檀**：欣赏性德育模式建立在我的德育美学观上，从这一基本观点出发构建的德育模式需要对德育过程的一些基本问题进行重新解释。主要涉及师生关系、德育课程和德育过程三个方面。

（1）师生关系：教师是参谋或伙伴。

在道德教育的"转化"模式中，教师与学生关系的基本特点有两个：一是"教师→学生"的单向关系；二是师生关系居高临下的特性。道德教育就是拥有价值真理的成年人单方面向学生进行道德的说教。欣赏型德育模式所希望建立的师生关系是参谋或伙伴的关系。在这一关系中，教师的智慧表现在设置情景并隐蔽起来（或退居幕后），学生则成为价值判断和建构的主体。这一关系的特质是：第一，参谋或伙伴是双向或多向的关系；第二，参谋或伙伴是平等的关系。这意味着就像在风景区游客之间的关系一样，在道德教育中，教师与学生、学生与学生、学生与教师之间，是一种共同面对道德智慧风景欣赏和交流欣赏心得的关系。当然，教师还必须是道德风景的设置者和导游。

如同自主建构和价值引导之间存在矛盾，教师与学生的关系也存在一种作为普通游客和作为道德风景的设计者和导游之间的矛盾。这一矛盾的解决之道就是：教师完成了风景的设计、导游的任务之后，应当退居幕后，即使再在教育情境中存在，也只能以一种道德人格的风景或普通的游客同伴的身份出现。教师的作用主要是以自己对道德智慧的欣赏来刺激、启发和带动学生的德育欣赏活动。

（2）德育课程：德育情境的审美化。

欣赏型德育所希望建构的德育课程模式的特点是情境性与审美化。所谓情境性，不是要完全否定道德判断、推理与理论思维等在道德教育中存在的必要。情境性要求道德教育的内容首先应当实现生活化。因为只有在生活化的德育内容中我们才可能发现道德智慧的生动性，才能真正激发学生进行自主、自由的道德判断和推理等，建立真正的道德理性。此外，情境性的课程也为道德教育显性课程与隐性课程的沟通提供了可能，学生很容易将显性课程的学习推进到所有的生活领域，这实际上为学生在更广泛的时空中进行道德学习创造了有利条件。所谓审美化，主要的要求也是两点。第一，道德教育应当发掘教育内容上的审美因素，即应当精选道德智慧的成果，充分展示人类道德文明的智慧之光。第二，在道德教育内容的呈现形式上应当努力做到形象、生动、审美化。比如，在教材形式上，可以尝试小学教材故事（寓言）化、中学杂志化的形式；又如，可以适当引进艺术手段作为道德教育的活动形式；等等。当然，主要是指日常德育内容审美视野的确立。

（3）德育过程：在"欣赏"中完成价值选择能力和创造力的培养。

转化理论的一个特点是认为道德教育主要是由外而内的过程，因此，教师居高临下的教导无论如何都是最根本的东西。而在欣赏型德育理念之中，教师的智慧表现主要为设置情景，并隐蔽起来（或退居幕后），学生则成为欣赏的主体。所以，欣赏型德育过程观的首要和最根本的要求就是：道德教育应当在欣赏中完成价值选择能力和创造力的培养。为此，教师的工作主要是设置审美化的道德教育情境，鼓励和引导学生欣赏道德智慧。最后，教师应当努力让学生形成对自己的欣赏——形成欣赏性的评价体系。总之，欣赏型德育的全过程都应当是学生自主欣赏的过程，是尊重并发挥教育对象主体性的过程。

**记**：在教育界，许多理论都很好，但是这些理论太抽象，无法操作。您的上述想法的确很有理论深度，也很有意思。为了便于大家学习，能否提供欣赏型德育模式的具体操作步骤？

**檀**：欣赏型德育模式的建构还是一个待研究的课题，所以我无法谈很多具体的操作法则。但是我比较有信心的是我们可以找到办法，同时也有一些初步的建议。举例来说，让道德学习在欣赏中完成的目标，从时间的角度就可以分解为以下几个阶段。

第一阶段：建立与发现欣赏的视角。一块石头从一个侧面看非常一般，但换一个侧面则可能是一种审美的存在。同样，道德规则可以以纯粹理性或命令的形式呈现给我们的学生，也可以选择一种特别的角度让学生认识到这些规则正是一种人类生活的智慧，一种合规律性与合目的性的统一的形式。建立道德规范正是给予其合目的性的自由活动所必需的翅膀。这样，道德教育内容的"顽强的疏远性"就会在欣赏过程中得到消解。所以，欣赏的关键是教师必须与学生一起建立与发现欣赏道德智慧风景的视角。在道德教育的准备阶段，教师的教育智慧主要体现在对这一视角的寻找与建立上。

第二阶段：展现道德智慧与积极人生的美丽。在德育实施的过程之中，教师的任务一方面是在道德教育内容的呈现形式上发挥创造性，做到形象、生动、审美化。在教育教学中德育工作者应当努力发掘教育内容中的审美因素，将人类道德文明的智慧之光充分展示出来，让学生在道德价值、道德规范的学习中看到人类自身的伟大与尊严，体会到人类驾驭人际关系的本质力量。另一方面，应当探索多种形式，延续、强化和巩固审美体验，促使道德审美的结果影响品德结构，改进行为模式。因此，如何创设展现道德智慧与积极人生的美丽的教育形式或可欣赏性道德情境，是欣赏型德育实施的关键。

第三阶段：践行审美化的人生法则。审美的任务是立美，道德教育的最终目标只能是道德的行动。所以欣赏型德育模式所追求的最终目标也就只能是鼓励学生践行审美化的人生法则。一种是审美化的角色扮演，一种是审美化的真实的道德实践训练。

〔本文曾以"让德育成为最美丽的风景——与檀传宝教授谈'欣赏型德育模式的建构'"为题，发表于《中国教育报》2002 年 8 月 3 日第 4 版。本次出版时略有删改。〕

# 平常与伟大

## ——欣赏型德育模式的责任与追求

《美丽的德育》创刊了。

作为"欣赏型德育模式的建构研究"课题的内部工作刊物，《美丽的德育》的主要任务仅仅是在课题组成员之间传达研究工作的信息。但是，作为"十五"规划首批确立的国家重点课题，尤其是德育学科的三个国家重点课题之一，欣赏型德育模式的建构研究却承担着十分重要的使命。因此，《美丽的德育》也将任重而道远。因为我们都知道，有太多的关注、太多的期望聚焦于此。

"美丽的德育"是一个最伟大的理想，又是一种最平常的风景。

说它是一个最伟大的理想，因为本课题的雄心是希望通过自己的探索找寻到一种解决世界性德育矛盾或难题的答案——一种既要避免强制灌输，又要坚持正面价值教育的可操作的德育方案。我们的梦想是：让学校德育成为一项最人道的事业，成为一道最美丽的风景！

正如我们在课题论证中曾经描述过的，欣赏型德育模式是一种希望内在地借鉴审美精神，以实现解放教育对象和提升教育对象双重教育使命相统一的目标的德育实践模式。我们的基本理论假设是：道德教育的内容与形式如果可以经过审美化改造，成为一幅美丽的画、一曲动听的歌，与这幅画、这首歌相遇的人就会在欣赏中自由地接纳这幅画、这首歌所表达的价值内涵。道德教育的价值引导与道德主体的自主建构这两个相互对立的方面可以在自由的欣赏过程中得以统一和完成，学校德育中广泛存在的绝对主义与相对主义的矛盾也可能随之消解……

说它是一种最平常的风景，因为欣赏型德育模式所追求的理想其实就是我们每位德育工作者都曾经遭遇过的美丽。在我们的学校德育中，那些曾经打动过我们的学生也打动过我们自己的所有的人生智慧与伟大人格的光辉，那些曾经使我们感动的德育生活的美妙的瞬间都是我们所说的美丽的画、动听的歌。问题是，世界太大，期望无限，而美丽太少，以至于匆匆的我们常常忘记或小看了我们一直拥有的财富。而现在，我们所要做的其实就是认真地凝视，仔细地发掘，让德育的美丽不是一片花季过后令人感伤的落红，而是秋天能够自觉重生、无限灿烂的金色的种子。

当然，"美丽的德育"还是一颗小得不能再小的种子。离含苞的季节、开花的季节、收获的季节还远得很。不过，山不在高，水不在深，种子也不在大。有阳光、有雨露、有众多辛勤耕耘的人，总有一天，当春风推开清晨的大门，满世界的美丽就会闪亮得让我们睁不开惺忪的双眼！

《美丽的德育》是我们课题组所有同仁的园地。让我们共同爱护它，和它一起在 21 世纪的晨曦中努力前进。

让《美丽的德育》不仅成为我们梦想起步的平台，而且也成为我们实现梦想的舞台。

［本文为《美丽的德育》的发刊词，本次出版时略有修改。］

# 反对灌输
# 与反对放任

## ——欣赏型德育模式的核心理念

大家知道我倡导欣赏型德育很多年了。为什么要倡导这一理念？这一理念的要害在哪里？我希望在这里作简要的交代。

我所希望建构的德育模式，是一种希望内在地借鉴审美精神，以实现"解放教育对象"和"提升教育对象"双重教育使命相统一的目标的德育实践模式。我们的基本理论假设是：道德教育的内容与形式如果可以经过审美化改造，成为一幅美丽的画、一曲动听的歌，那么与这幅画、这首歌相遇的人就会在欣赏中自由地接纳这幅画、这首歌所表达的价值内涵。

要言之，欣赏型德育模式的核心追求，是（教育者）道德教育的价值引导与道德学习主体（教育对象）的自主建构这两个往往相互对立的方面能够在自由的审美欣赏过程中得以统一和完成。因此，这一模式的第一个核心理念是在德育过程中旗帜鲜明地反对灌输、提倡自由德育，提倡德育过程对教育对象真正意义上的解放。具体说来，以下三点十分重要。

## 反对灌输——"解放教育对象"

什么是"灌输"？从教育学角度看，一般可以从教育目的、内容和方法三方面加以说明。[①] 从目的角度言，所谓灌输指的是那些试图用某种方式封闭或者禁锢学习者思想的做法；从内容角度言，灌输是指那些只提供单一、封闭和经不起（也不允许）批判与检验的教条作为教育内容的教育；而从方法角度言，灌输则是指一切采用强制和非理性的方法，以及完全无视教育对象存在的教育方式所施行的（虚假甚或反教育的）"教育"。这三个角度实际上是三个基本特征。在我看来，德育上"灌输"最为突出的特征应当是它在方法上的强制或专制（所以本研究将"灌输"和"强制灌输"视为同一个概念）。因为即使教育目的、德育内容是好的，仍然可能导致灌输，因为它可能使用了"强制和非理性的方法"和"完全无视教育对象存在的教育方式"。而在经验中，人们讲"灌输"首先也是指其非理性的"强制"的意味。当然，如果教育内容没有教育价值，是单一、封闭和经不起批判与检验的东西，灌输的方法就更是必然的选择。在教育思想史上，灌输的主张比比皆是，有些还是在教育思想的其他方面作出过伟大贡献的人，例如捷克教育家夸美纽斯关于"印刷术"的类比。

夸美纽斯在其划时代的著作《大教学论》第三十二章"论教导的普遍和完善的秩序"中，一方面赞扬当时印刷机印书在教育上的意

---

① 魏贤超.现代德育原理［M］.杭州：浙江大学出版社，1993：第42–55；戚万学.活动道德教育论［M］.天津：南开大学出版社，1994：131–133.

义，认为用印刷机印书比早期的用笔抄书要快得多，同时"原本"书的正确还可以保证千万部"印本"的正确。另一方面，他的结论则是印刷术的方法完全可以用在教育上——教师只需准备好工具和教授的材料，"把它灌输给他们学生就够了"，因为在他看来，教学的过程就像印刷机把符号印在纸张上一样，是一个与此相似的机械传授的过程。"代替纸张的，我们有心灵尚待印上知识符号的学生。代替活字的，我们有教科书和便利教学工作的其他工具。墨水由教师的声音来代替，因为把书上的知识送到听者的心灵的是教师的声音。印刷机就是学校的纪律，它使学生赶上工作，并且强迫他们来学习。"所以可以借用"印刷术"（typography）这个术语将教学方法称为"教学术"（didachograghy）！ [1]

夸美纽斯这种主张是十分典型的"灌输"理念。《中国大百科全书·教育》（1985）将德育定义为："教育者按照一定社会或阶级的要求，有目的、有计划、有组织地对受教育者施加系统的影响，把一定的社会思想和道德转化为个体的思想意识和道德品质的教育。"这也是一个典型的具有浓厚灌输色彩的定义。这些都证明：灌输虽然有问题，但是它也反映了部分经验的事实，因为教育的确是人对人的影响，但灌输的理念忽略了教育真实、有效的影响需要通过教育对象的自主建构才能完成。

在中国大陆的教育实践中，灌输是一个错误但是传统，而且直到

---

① [捷] 夸美纽斯.大教学论 [M].傅任敢，译.北京：教育科学出版社，1999：232–233.

今天仍然有许多人为之申辩的主张①。那么，我们为什么要反对灌输？

我们之所以反对德育上的灌输，最主要的理由是它一不人道，二不科学。

说灌输的德育是不人道的教育，主要是因为道德和思想的灌输完全无视受教育者的存在、尊严与权利。灌输意味着教育对象是一张千篇一律，没有个性，没有自己的经验、情感和思想的白纸，可以由教育机器任意印刷。灌输也意味着可以完全忽视学生的道德发展及其规律，进行道德学习时必要的心理准备状态可有可无，孩子们的喜怒哀乐、学习生活的质量与教育机器完全无关。更为严重的是，人类不懈追求的（也得到现代各国宪法、联合国人权公约等法规保护的）思想自由在灌输的德育模式下可能被堂而皇之、轻而易举地摧毁——不管教育对象愿意与否，在有形、无形的压力之下，他只能接受被某人贴上"真理"标签的东西。以下为在教育界有着广泛影响的联合国《儿童权利公约》基本精神的介绍，我们可以清楚地看到，灌输是如何与尊重儿童权利和尊严的时代精神背道而驰的。

## 联合国《儿童权利公约》

1989年联合国大会通过的《儿童权利公约》的基本精神是强调儿童不仅仅是被保护的对象，而且是积极和创造性的"权利主体"，拥有"包括生存、发展和充分参与社会、

---

① 孙喜亭.学生德性或德行能由内而外的生成吗？[J].北京师范大学学报：人文社会科学版，2000，162（6）：18-23.

文化、教育生活以及他们个人成长与福利所必需的其他活动的权利"。联合国儿童权利委员会副主席汉姆柏格在解释《儿童权利公约》的基本精神时曾经这样说过：过去人们关心儿童的基点是使脆弱的儿童免受伤害，人们还没有普遍认识到儿童是有自己的能力、观点和想法，应该像所有的人一样受到尊重的。汉姆柏格还对《儿童权利公约》基本精神的四个原则做了具体说明：1.儿童最佳利益原则——任何涉及儿童的事情均以儿童利益为重；2.尊重儿童尊严的原则——其意义不仅局限于不被杀害或伤害，而是指向儿童生存和发展的质量；3.尊重儿童的观点和意见的原则——任何涉及儿童的事情，必须认真听取儿童的意见；4.无歧视原则——所有儿童都应当受到平等的对待，不应受到任何歧视或忽视。因此，将儿童视为在思想上平等的人格主体予以尊重是当今世界的普遍性要求之一。[①]

说灌输的德育是不科学的教育，主要因为它违背道德发展和教育的本质与规律，效益低下、声名狼藉。德育的本质是价值观的改变。价值观的改变是无法通过强制的方式完成的。也就是说，我们或许可以通过强制暂时改变学生的行为，但无法由此实现其内心价值的改变。儿童来到教师的面前时已经有自己的经验、思想和情感，每一

① 韦禾.儿童的权利——一个世界性的新课题——中国履行《儿童权利公约》研讨会综述 [J].教育研究,1996（8）：77-79.

个儿童的道德发展不仅有性别、个性、经验等方面的不同，还有发展阶段的差异。当教育者无视教育对象的存在和发展的实际，硬性进行千篇一律的灌输时，我们不仅是不尊重儿童的人格（不道德），也是对品德发展和教育规律的蔑视，其结果必然是效益低下甚至是反教育的：或者，教育影响有如沙滩上的房子，洪水一来就荡然无存；或者，学生迫于教师权势或心理上的压力而阳奉阴违，形成病态的双重人格；或者，遭遇逆反心理，那些教师心目中无比伟大的教条根本无法被学生接受，不会留下任何痕迹，叛逆程度严重的学生甚至还会走向与教师的价值指引相反的方向……

总而言之，用 20 世纪伟大的品德发展及教育理论大师柯尔伯格的话说，就是："灌输既不是一种教授道德的方法，也不是一种道德的教授方法。说它不是一种教授道德的方法，是因为真正的道德应当包含对可能出现的价值冲突做出审慎的抉择；说它不是一种道德的教授方法，是因为合乎道德的教学必然意味着尊重儿童正在发展的对所学内容的进行推理与评价的能力。"[①]

"哪里有压迫，哪里就有反抗"，灌输既然是全世界德育的公敌，反对灌输就必然成为所有现当代德育理论和模式的特征。所以，问题的真正重点在于：怎样才能真正反对灌输？

我们认为，要有效地反对灌输，第一要给予学生"自由"的德育，第二要给予学生自由的"德育"。前者意味着反对强制，后者意

---

① Power，C. and Kohlberg，L. *Using a Hidden Curriculum for Moral Education*［J］. *The Education Digest*，1987（5）：12.

味着反对放任。在以往反对灌输的许多理论中，人们往往会从一个极端走向另外一个极端。这样的极端或激愤的思路由于自身马上会遭遇相反的逻辑问题，结果往往是"反对无效"。这样的反对当然是虚假的、乏力的。我们的答案是：反对德育灌输的任务只能通过真正解放教育对象的方式来完成。所谓解放教育对象，在德育领域最主要的内涵有两个方面：第一是教育方式上的解放，即彻底地告别强制灌输，让学生从异化的教育形式中解放出来，自由、愉快地习得道德价值与规范；第二是价值获得上的解放，即在教育过程中能够对人生的真谛有所领悟，让学生从纯粹的动物性和自身的价值混乱中解放出来，通过自由的学习获得真正的道德智慧，从而收获社会生活中更大的自由、人生发展上更大的成就。

显然，我们这里所要给予学生的"自由"的德育，与前述灌输的三大特征对比，其主要特征应当这样去理解：从目的角度言，所谓"自由"的德育指的是那些力图解放学习者思想，使之能够更加自主、愉悦地进行价值选择、批判和人格建设的教育；从内容角度言，所谓"自由"的德育是指那些能够提供有充分证据，有教育价值，可以自由欣赏和批判的道德文化与智慧作为教育内容，从而鼓励学生在开放、自由的心态下进行道德选择、品德建构的教育；而从方法角度言，"自由"的德育则是通过展现道德文化的智慧、道德人格光辉、道德人生的美好，让教育对象自由和愉快地接受价值与规范教育的德育。在这里，"展现道德文化的智慧、道德人格光辉、道德人生的美好"是至关重要的环节，也是欣赏型德育模式实现的关键环节之一。因为只有"展现道德文化的智慧、道德人格光辉、道德人生的美好"，才可能让教育对象在对道德文化和智慧的欣赏中自由和愉快地接受价值与规范的教育。

## 反对放任——"提升教育对象"

欣赏型德育的第二个核心理念是反对与"灌输"方向相反的另外一个极端，即教育上的"放任"。对"放任"，《现代汉语词典》的解释是："听其自然，不加约束或干涉。"在道德教育的理论和实践中，放任是对灌输的自然反动，但它是一种本能、粗糙、抽象因而虚幻的否定。这一否定可以从伦理和教育两个层面去分析。

在伦理学上，放任的问题首先表现在对义务（或责任）与自由辩证关系的错误理解上。放任意味着道德主体只要"自由"而不要自由的条件——履行一定义务或者承担一定责任。的确，从表面上看，义务是自由的反面。伦理学家包尔生说："就其起源上说，义务本质上是否定的：'你勿'是风俗、法律、义务开初用来反对让自己的冲动走过头的那些人的公式。"[①] 但是恩格斯说："自由不在于幻想中摆脱自然规律而独立，而在于认识这些规律，从而能够有计划地使自然规律为一定的目的服务。"[②] 黑格尔也指出，"在义务中个人毋宁说

---

① [德] 弗里德里希·包尔生. 伦理学体系 [M]. 何怀宏，廖申白，译. 北京: 中国社会科学出版社，1988: 298.
② [德] 恩格斯. 弗·恩格斯反杜林论 [M] // 马克思，恩格斯. 马克思恩格斯选集（第三卷）[M]. 北京: 人民出版社，1972: 153–154.

是获得了解放""义务所限制的并不是自由，而只是自由的抽象，即不自由。义务就是达到本质、获得肯定的自由"。[①] 即使包尔生本人也认为，我们应当"把义务与爱好之间的冲突视作例外"。因为"义务或道德律的命令是一些表现了一个集体的真正意志的性质和方向的公式"[②]。除了对自由与义务的关系的理解，价值上的"放任"往往与"价值相对主义"有关。人们往往会强调文化、历史、经验的不同对于价值观念形成的影响，即强调由于文化、历史、经验的不同，人们会拥有不同的价值观念，对同一概念的理解也会有巨大的差异。由此，人们会有意无意地忽视普遍价值和价值共识的存在及其可能性。

而从德育的角度看，所谓"放任"则是在道德教育过程中"让孩子为所欲为"。放任的德育可能表现为显性的放任，也可能表现为隐性的放任。显性的放任因为其明显的缺陷，往往一出现就可能遭到强烈的质疑，故在实际的教育理论和实践中，隐性的放任才是最典型的放任形态。但是无论哪种形态，德育上的放任既可能是价值选择上完全的价值相对主义，也可以是教育方法的儿童中心主义，或者两者兼而有之。我们可以以美国 20 世纪 70 年代最为流行的价值澄清理论（Values Clarification）的一些主张作为案例进行分析。这是一个隐性的放任德育的案例。因为价值澄清理论的产生原本是要加强价值观教育，而不是要放任孩子的。

价值澄清学派这样解释"价值（观）"：

---

①［德］黑格尔.法哲学原理［M］.范扬，张企泰，译.北京：商务印书馆，1961：167–168.
② 同①：298。

人们在经验中成长和学习。

因此我们认为价值观始终与塑造和检验价值观的生活经验相联系。对于任何个体而言，价值观并非一成不变的真理，而是在一定环境中苦心经营某种生活方式的结果。在经过生活的充分锻炼之后，我们会形成某种评价范式和行为倾向。某些事物被视为是正确的、有意义或有价值的。这些就是我们的价值观。

既然我们认为价值源于个人的经验，我们就有理由认为不同的经验会导致不同的价值观，而任何人的价值观都会随着其经验的积累和改变而发生变化。我们不能期望一个生活于南极地区的人和一个芝加哥人拥有同样的价值观。

我们无法确定可以适合任何人的价值观和生活方式，但是我们却的确知道经过哪些过程最有助于价值观的获得。[1]

由此，价值澄清理论认为，有效的价值形成过程必须经过三个大步骤、七个小步骤。

（一）选择

1. 自由地选择

如果有某些东西实际上指导着一个人的生活，不管是否

---

[1] Louis E. Raths, Merrill Harmin, Sidney B. Simon. *Values and Teaching* [ M ] .Columbus: Charles E.Merrill Publishing Co. , 1966： 27–28.

有权威的监督，这种东西必然是自由选择的结果。如果在选择过程中存在某种强制，个体就不可能长时间坚持自己的选择结果，尤其是当施加压力者鞭长莫及时。所以，只有是个体自由选择的结果，价值才会被个体真正珍视。

2. 从各种可能的选择中选择

价值的定义是基于个体所作出的选择。很显然，若无可供选择的对象，选择也就无从谈起。例如，说一个人珍视"吃"毫无意义，可以说个体应选择吃何种食物，而不是"吃"本身。为此，我们必须提供足够的食物，否则选择无从谈起。只有当有一种以上的选择时，选择才成为可能，价值选择才会实现。

3. 认真思考每一种选择的后果再进行选择

凭冲动所作出的选择并不能形成我们界定的价值。那些真正有意义指导个体生活的东西一定是个体仔细权衡和理解的结果。个体只有仔细权衡并完全理解每一种选择的后果，才会作出明智的选择。只有认真考虑每一种可供选择的后果之后进行的选择，才会形成价值。

（二）珍视

1. 赞同与珍视

当说起那些珍视的东西，我们总是语气坚定。我们会赞同它，珍视它，尊重它，坚持它。我们会为所珍视的东西感到高兴。有的选择，即使是自由的和审慎的选择，我们也不一定会为此高兴。我们可能选择参战，但我们有时会对该选择的合理性产生不安。我们界定的价值必须是我们高兴地作出选择的结果。我们会赞同和珍视那些价值并用以指导生活。

2. 确认

我们在考虑各种可能选择的后果之后自由地作出选择并为之感到自豪时，当别人问及，我们愿意当众确认我们的选择，甚至愿意为之辩护。如果会为某一选择感到羞惭，被诘难时不敢表明自己的立场，那么我们选择的就不是价值而是别的什么。

（三）行动

1. 根据选择行动

我们所信奉的价值观体现在生活的诸多方面。为了使某种价值得以浮现，生活本身势必受到影响。事实上，不存在不对现实生活进行指引的价值观。

2. 重复

只要某一事物被提升至"价值"水平，它就很可能在个体生活的许多场合影响其行为。它会表现于不同的情境与场合。只在生活中出现过一次的事物不能被视为价值。价值观往往会以某种生活方式不断重复。[①]

---

① Louis E. Raths, Merrill Harmin, Sidney B. Simon. *Values and Teaching* [M] .Columbus：Charles E. Merrill Publishing Co., 1966：28－29.

以上就是价值澄清理论对德育的主要建议。由于符合美国人思想自由的核心价值，同时也符合尊重儿童权利、经验与选择的美国近现代教育思想的潮流，价值澄清理论曾经在美国红极一时。但是不难看出的是，价值澄清理论最大的问题在于它在价值相对主义的前提之下回避了价值教育的内容层面，将德育的重点从"价值观和生活方式"转向了"有助于价值观获得"的澄清过程，是一种典型的形式主义和过程主义。而当我们承认不同的人具有不同的价值观念，我们只是帮助他澄清本来就属于他的价值观的时候，我们实际上只对孩子进行了（道德）思维的训练，而没有对儿童的品德成长有任何实质上的增益。而且，一些错误的价值也可能通过这七个步骤的检验而继续存在于儿童的精神结构之中——这当然是危险的。美国品德教育理论的代表人物之一托马斯·里可纳（Thomas Lickona）教授在他的名著《为品德而教育》（*Educating for Character: How Our School Can Teach Respect and Responsibility*）一书中曾经尖锐地指出：价值澄清理论的问题在于，将一些琐碎的生活问题与重要的价值观混为一谈，将肤浅的道德相对主义四处扩散；将"你想做什么"和"你应做什么"混为一谈，忽略了价值标准存在的必要性；同时，将儿童当作大人看待，忘记儿童有一个需要成人帮助建立价值观的过程，而不是仅仅澄清已有的价值观。①

历史发展也对价值澄清理论提出了批评和抑制。因为价值上的

---

① Thomas Lickona. *Educating for Character: How Our School Can Teach Respect and Responsibility* [ M ]. New York：Bantam Books，1991：11–12.

相对主义和教育上的过程主义、儿童中心主义给美国本来就存在的极端个人主义火上浇油，美国的社会道德和学校德育问题日益突显。20世纪80年代就有评论认为："现在的状况也许已经超过了美国历史上的任何时期，贪婪和欺诈被大家认为是极其平常的事情。"[①] 大量出现的青少年问题也使得美国教育界开始重新反思并回归传统的道德教育模式。[②] 因此，20世纪80年代开始不断有专家批评相对主义、过程主义和儿童中心主义的德育取向，呼吁回归和加强"品德教育"。到了20世纪90年代，品德教育明显复兴，并逐步成为今日美国德育的主流。

中国社会在20世纪七八十年代进入了改革开放的时期，价值多元既是时代的进步，又是时代的挑战。灌输式德育无以为继，而惯性依旧。但是，我们在批判强制灌输的时候应当清醒地认识到，从一个极端走向另外一个极端、走向完全相反的方向也一样是错误的。德育最重要的使命是要在道德发展上"提升教育对象"，我们应当旗帜鲜明地告诉教育对象：价值一方面具有相对性，另一方面也具有普遍性、基础性。价值多元并不等于没有对错，"义务所限制的并不是自由，而只是自由的抽象，即不自由"。普遍价值、底线伦理的存在是我们进行最起码的对话、共识的前提。人类迄今为止所积累、所尊重、所遵循的价值和规范尽管不是绝对的教条，但仍然是我们人类文明与智慧的重要组成部分，而不是完全与我们为敌的异己力量。只有

---

① *Ethics in the Boesky Era*［J］. *Yale Alumni Magazine*，1987：37.
② Marvin W. Berkowitz, Esther F. Schaeffer and Melinda C. Bier. *Character Education in the United States*［J］. *Education In The North*, New Series, 2001（9）：53.

掌握了已有的价值文明和道德智慧，我们才可能实现真正意义上的道德成长与品德建构，才可能获得更多的尊严、更高质量的人生和更伟大、更真实的社会进步。

欣赏型德育模式所追求的，其实是一种原本意义上的德育。这种德育不仅追求学生对于人生智慧的真正领悟、人生境界的实质提升，而且追求实现目标过程的人性化。我们强调这一过程应当是肯定的、积极的、愉悦的——从内容到形式都应当是美丽的。而这种"美丽的德育"正是欣赏型德育的主要构建，也是最重要的理念。

## 中间路线——让德育成为一幅美丽的画、一曲动听的歌

如前所述，欣赏型德育模式希望走中庸的教育之路，让德育成为乐教和诗教的事业，让德育成为一幅美丽的画、一曲动听的歌，让德育过程的参与者（无论教师或者学生）"诗意地栖居"。但是，"让德育成为一幅美丽的画、一曲动听的歌"并不是一句简单、感性的口号，其实质内涵主要包括以下两个最重要的方面。

首先，德育过程作为一幅美丽的画、一曲动听的歌表明，德育过程中可以有诗歌、绘画、音乐、多媒体等一切适合的艺术形式的有机参与。

在德育过程中，我们之所以需要艺术或其他美的形式的参与，主要是由于艺术和美两方面的基本作用。其一是艺术和美的技术意义，其二是艺术和美的价值功能。

艺术和美对于德育的技术意义，首先是其作为一种"添加剂"能够使得道德学习和教学形式变得活泼、生动、令人愉悦。事实上，《论语·泰伯》中"兴于诗，立于礼，成于乐"的命题首先揭示的就是"诗"在"起兴"（引人入胜，进入学习）；"礼"在使得价值"矗立"人心，渗透进心灵；"乐"（音乐）在自然和长久地巩固学习效果，从而最终达到成就人格等方面的作用。虽然不同年龄、性别和个性的儿童对于艺术和美的形式的偏好并不相同，但是只要安排得当，艺术形式的适当参与对于改造通常过于理性和枯燥的道德教育是十分重要的。它不仅让我们在道德学习过程中更加轻松、愉悦，也意味、暗示着道德生活与美感的实际连接。换言之，美的存在会让我们更易于体会、向往更美好的道德人生境界。

艺术和美的价值功能主要表现在对于善的正面褒扬和对于恶的批判态度上。美学家列·斯托洛维奇说："伦理和审美这两极是相互适应的，即善适应美，恶适应丑。"[①] 不过，这一适应是一种复杂或复合的适应："艺术美反映现实的善，它的审美评价是以欣赏的、赞赏的态度出现；艺术美反映现实的恶，它的审美评价是以夸张、变形的审美批判的态度出现。"[②] 换言之，虽然艺术和美不仅反映善，也表现丑与恶，但是其审美批判的态度却因此和道德批判具有内在的价值关联。

由于艺术和美的价值功能复合地表现着对于善的正面褒扬和对于

---

① ［苏］列·斯托洛维奇. 审美价值的本质［M］. 凌继尧, 译. 北京: 中国社会科学出版社, 1984: 97.
② 韩望喜. 善与美的人性［M］. 深圳: 海天出版社, 1997: 292.

恶的批判，因此，与一般意义上的德育相比，有艺术和其他美的形式参与的德育往往更加丰富或者"生活化"。它不是简单、逻辑地演绎道德真理，而是复合、感性地呈现生活的真实，将生活的真理丰富地凸现出来，供道德学习主体（学生）自主判断和选择。而这一点恰恰是现代德育的基本特征与时代要求。笔者的另外一项研究曾经系统和深入地分析过审美活动的储善性、导善性和立善性，其主要的意涵之一也是指向艺术和美的价值功能。

由于艺术和美的技术意义和价值功能的存在，毫无疑问，欣赏型德育模式当然希望有诗歌、小说、音乐、绘画、影视、动画等所有为学生们喜爱，又能够有机地与德育过程结合在一起的艺术美、自然美、社会美的参与。不过，这仅仅是"让德育成为一幅美丽的画、一曲动听的歌"这一命题的起点和外在的意涵。德育过程的审美化改造需要从外在走向内在和精神的层面。

其次，更重要的是，德育过程作为一幅美丽的画、一曲动听的歌主要是一个隐喻，其实质在于内在地借鉴审美精神来改造德育过程本身。

关于审美精神的美学讨论很多。其中最为著名的是审美活动与道德生活相沟通的自由特质。列·斯托洛维奇曾经这样指出"自由"在审美价值和道德价值中的不同存在与内在的统一：

> 在道德方面，自由作为人成为独立、主动、创造的个性和在道德活动中表现真正人的本质的可能和能力，进入道德价值。而自由以其包罗万象的实质进入审美价值的内容之

中，它作为以认识自然和社会的必然性为基础的人对自然现象和社会现实掌握的程度，以及人在这些现实中确证的程度（而存在）。这就是对社会生活现象审美价值的理解也导致认识他们道德价值的缘故。由于美，人们追求善，一直到详细地认识善并从审美上认清恶的丑陋面目而摒弃它。因此，真正伟大的艺术甚至不必给自身提出直接的道德劝善任务，而正是由于它的审美本质而在道德上对人们产生影响。①

因此，内在地借鉴审美精神来改造德育过程本身，实际上意味着道德教育必须从内容和过程上展现道德"自由"的境界、教育"自由"的气质。

道德教育要展现道德"自由"的境界。所谓自由的境界，主要意涵有两个最基本的方面，一是人生的智慧，二是人格的自由。人生的智慧是指在道德教育的内容方面，道德价值与规范上合规律性与合目的性的统一，道德教育过程是人类道德文化智慧与美好的一种生动的呈现。当我们在享用人类道德智慧的时候，我们实际上就是观照、享用人生的自由境界。而人格自由实际上就是人生智慧在一些道德人格上的具体体现。人类道德生活中一直存在着一些道德上崇高的人、优雅的人。即使是最普通的人，他们在某些场合、某些瞬间也会展现出上述崇高与优雅。他们是美好的，也是自由的，他们的身上充满人性

①［苏］列·斯托洛维奇.审美价值的本质［M］.凌继尧，译.北京：中国社会科学出版社，1984：98.

的光辉（中国古人曾经将这一光辉命名为"圣贤气象"）。道德教育的重要使命就是呈现这一光辉，让人生自由和美好的光芒照射到每一个参与道德教育过程的人，让他们不仅心向往之，而且有足够的动力去努力追求最美丽或者最自由的人生。

与此同时，道德教育本身也应当具有真正教育"自由"的气质。道德真理与伟大人格不应当以异己的形式出现在受教育者的面前，成为勉强他们、约束他们、压迫他们的力量。道德教育过程本身应当是生动的、自由的，克服了黑格尔所说的"顽强的疏远性"的真正意义上的审美活动。由于道德是以利他的形式调整人际关系的，道德规范本身是以约束道德主体的形式而存在的，因此道德教育的形式非经审美化的改造无以实现上述目标。欣赏型德育模式的重要努力方向就是要反其道而行之，寻找、发掘、创造那些能够促进道德学习主体自主、自由地进行道德学习的教育形式，通过"欣赏"道德自由，去自由地建构自己的道德人格。

对于道德教育过程中的"欣赏"概念，人们往往与另一个概念——"常识"——相混同。从形式上说二者确有相似之处，但它们又有许多实质上的不同。最主要的一点在于，"赏识"的对象可以是美好的，也可以是仅仅正确、合乎规范，但并非"自由"和具有美感的东西。而"欣赏"的对象则不仅要是正确的、合乎规范的，而且必须是具有"可欣赏性"的。德育的"可欣赏性"不仅要指向德育过程、德育与道德主体外表的自由，而且要指向道德与教育精神的优雅与崇高，"欣赏"与"赏识"的本质不同恰恰在于其精神内涵的差异。

当然，"欣赏"的前提条件是建立德育的"可欣赏性"。那么，德育的"可欣赏性"可能存在于哪些方面呢？这就需要阐释所谓德育过程中作为"一幅美丽的画"和"一曲动听的歌"的具体内涵。对此，我们可以作不同侧面的理解。"一幅美丽的画"意味着道德价值和规范可以经过处理变成能够被欣赏的文化产品，道德人格的光辉可以成为映照学生道德成长的美丽风景。而"一曲动听的歌"的重点则在说明德育过程的智慧处理本身具有艺术特征和"可欣赏性"，学生在接受教育的过程中可以主动、愉快地沉浸于美好的学习生活过程之中。这两个侧面实际上就是道德教育内容上"自由"境界的呈现和道德教育本身"自由"气质的展示。试想，在"一曲动听的歌"的旋律中欣赏"一幅美丽的画"，这是一种多么美好的道德教育形式与境界！

[ 本文为作者多次同题演讲稿的节录。作为国家社会科学基金"十五"规划（国家重点）项目"欣赏型德育模式"的研究成果，已收入《让德育成为美丽的风景——欣赏型德育模式的理念与操作》的有关章节。本次出版时略有修改。]

# 美学是未来的
# 教育学

——兼论现代教育的审美救赎

感谢北京师范大学第二附属中学对我的邀请，我非常高兴和大家分享与德育美学观、欣赏型德育模式有关的心得。

我想把今天的演讲分成两部分：

第一个部分，讲一讲德育美学观与欣赏型德育。这对于在座的某些老师来讲是复习，因为北师大二附中从事有关欣赏型德育模式的试验多年，许多老师已经比较熟悉我的观点；而对于外校来旁听的一些老师可能是预习，因为来听讲的，显然多是对欣赏型德育有兴趣但又未必特别了解的。我首先把我一直倡导的德育美学观、欣赏型德育模式稍微给大家回顾一下，算是温故而知新。

第二个部分，才是这个 PPT 上演讲的大标题所揭示的命题——"美学是未来的教育学"，副标题叫作"现代教育的审美救赎"。

大家看，大标题是加了引号的。之所以加引号，有两个原因。一个原因是，这句话是一个隐喻。你要当真，以为未来只需要美学而不要教育学，那当然是不行的。另外一个原因是，这句话实际上修改自高尔基小说《母亲》里的一句格言："美学是未来的伦理学"[①]。我坚信：人类生活实践最终、最高的境界，都与美、审美有内在关联。故就最高境界来讲，美学可以是任何领域未来的"××学"！所以，在我这里就用了"美学是未来的教育学"这样加一个引号的命题。其实我认为，美学是未来的教育学，也应当是当下的教育学。

总之，今天我想集中讨论，美对教育，真正意味着什么！

同理，我也无数次认真想过，我们到底怎么看德育美学观、欣赏型德育模式？可以从不同的角度去看。你当然可以把它看成是一个很有意思的班会、很有意思的课堂、很有意思的教育模式等，但如果深究，德育美学观、教育美学，或者美学给教育带来的最重要、最根本的、灵魂性质的东西，肯定不仅仅这些。那么，最重要的东西是什么？这需要我们耐心探讨。

## 德育美学观与欣赏型德育的基本构想

先来解释一下我为什么长时间一直在宣传德育美学观和欣赏型德育模式。

我之所以非常愿意来这里演讲，首先一个非常重要的理由是，在

---

① 中国美学家也有类似倡导，如陈望衡文.美学是未来的伦理学［J］.江海学刊，1997，4：89-91。

座的各位差不多都是我的同道。北师大二附中这么长时间以来一直坚持进行欣赏型德育模式的探索，其他兄弟学校的老师也一定是因为对这个课题感兴趣才主动来参与的。这是真正意义上的志同道合。当然，还有一个更重要的原因，德育美学观、欣赏型德育模式的建构仍然是一个未竟的事业——如何在教育、德育过程中真正借鉴审美精神，对德育中的师生关系、教学、活动进行审美化改造，如何处理艺术手段的应用问题等，仍然需要大家不断探索。我相信，越往后大家就越可以明确地体会到：德育美学观、欣赏型德育模式所追求的方向是合乎时代潮流的。所以，有一批沿这个线索去推进德育乃至教育境界提升的学校，非常重要。我确信：整个中国，在这个时代，都需要有一批教育工作者率先开展关于"美学是未来的教育学，也是当下的教育学"这样一个思路的探索。

我之所以研究德育美学观，后来又提出欣赏型德育模式，最根本的原因在于我对中国德育的弊病的判断。我认为：世俗意义上的（粗俗的）功利主义（严格意义上讲，到现在我也不知道用什么词去表达这一乱象。我在学校讲课的时候，曾经有学生问我，你这里的功利主义和穆尔、边沁等伦理学家的功利主义是不是一回事？我认为有联系，但不完全一样。我后来想过用实利主义、实用主义，但都不是非常合适，所以姑且用功利主义一词）是中国德育以至整个教育的最突出的毛病之一。我所谓的功利主义，其实就是中国社会当下普遍存在的最庸俗的实利主义，一种赤裸裸的、物质的、充满欲望的功利主义，一种只求"来现的"功利主义。

总之，我认为德育实效很不好的重要原因之一就在于此。比如说，德育这么重要的一项事业，在一定意义上，始终仅仅被当作工具——在很多人眼里，它只是达成某种社会政治目的的工具。而只要是只作工具的，肯定是可要可不要、要怎么摆弄就怎么摆弄的。这样就没有独立性、规律性，没有绝对价值可言。如果没有一个最最根本的原则被尊重、什么东西都可以权宜的话，事情肯定做不好。中国的德育、教育，都有这个问题。

另外一种功利主义的表现就是在日常生活中，我们以"解放自我"为名义，慢慢地把自己导向和动物越来越接近的方向，也就是赤裸裸的生物欲望所代表的那个方向。这种方向也是对德育的一种深深的侵害。因为当这些东西被看作最重要时，所有的高级需要及其追求就都被边缘化了，就不可能有真正的德育效果了。人类道德，比如说父慈子孝、兄友弟恭、尊师爱生，都让我们更为高贵而非为猥琐，让我们脱离动物界，而不是任由丛林法则在起作用。所以我最初研究欣赏型德育美学观，是因为我认为中国的德育不好，罪魁祸首就是这个功利主义，或者说是实利主义的毛病导致的。

那么，为什么会想到用美学来解决功利主义的问题、建构我的德育美学观呢？一个很重要的原因在于审美本身的超越性特质。或者说，审美本身具有非功利性。比如，当你欣赏一个人体模特时，欣赏的视角一定是指向人体的形式方面——女性皮肤的光洁、形体的匀称，或者男性的肌肉所表达的力量感，如此等等。这些都是事物的形式，如果你走向了实用或性欲望满足的方面，你也可以兴奋，但那已经不是审美。比如娶人体模特做老婆或者追求他做老公，虽然也是人的一种正常的情感，但它指向的是实用的方面。又如，当我们说一个水杯漂亮的时候，我们指的是这个水杯的颜色、质地、造型，等等，绝对不是指这个水杯能装多少水、能如何解渴。所以，审美本身具有非功利性、超功利性。而我最早关注美育和德育，美学和教育学的交叉，是因为我觉得功利主义的救赎必须从非功利、超功利的逻辑开始。

按照这个思路，后来我建构了德育美学观的三个基本理论："审美育德论"（即证明美育可以增进品德发展）、"立美德育论"（讨论德育如何审美化）、"至境德育论"（讨论德育应当追求的境界）。我的德育美学观核心内容其实就是这三论。①

这三个部分，都有对教育、德育之审美精神的追求。比如在审美育德论中，我论证而且相信：只要符合审美属性的东西，都对人格的修复、人性的养成有积极的增进作用。当然我也相信，美学并不能完全代替德育。就像间接的德育课程很重要，可是数学老师再怎么言传身教，也终究不能完全取代思品老师。因为数学老师既没有时间，也没有专业能力系统讲授一个国家的宪法之类的课题。这里也是一样，美育特别重要，只要在做美育，在某种意义上讲，就在做德育。但美育又不等于德育，不能也不应该取代德育，更不能异化为德育。实际上，德育、美育都不能相互取代。

在"立美德育论"里，我们主要讨论三个问题，即如何应用美学原理看学生和教师，看德育之"德"，看德育之"育"及其变革。如果我们能够把对学生的视角调成审美的视角，如果我们以审美的视角看待德育的内容与形式，就会有两个方面的作用。

---

① 檀传宝.德育美学观［M］.太原：山西教育出版社，1996；北京：教育科学出版社，2006.

一方面，它会极大地强化我们教育生命的意义，使每一个从事德育和教育的人，有生命的充实感和幸福感。因为你会觉得这些东西是非常生动、美好，非常肯定我们主体价值的东西。首先，老师最大的幸福，莫过于关照到自己学生的成长，而且这种成长是与自己有联系的成长。只要他班上的学生有所成就，学生的成就本身之于他就是幸福的。还有，当教师为自己的教育形式、教育风格自豪的时候，他能让自己的学生在课堂上不亦乐乎的时候，他一定是幸福的。他能够有高度的自信，展示自己的优雅的时候，他一定是幸福的。而幸福感和美感有时候是一个事物的两个侧面。你会发现，立美育德不光是对学生发展，对我们自己的教育人生也是非常有意义的。

　　另一方面，如果参透其中的美学奥秘，将其迁移到日常工作中，形成自己的教育观、方法论，我们就能发现：原来我们可以这样改造我们的教育，我们可以以审美或欣赏的眼光去看待学生，我们可以用审美的原则去改造我们自己的形象、教育活动内容与形式，使之发挥最大的教育功能、德育功能。我们可以用审美的原则去改造我们的教学内容和形式，使之成为有境界的、有教育乐趣的、能够让学生乐在其中的乐学对象。你会发现，虽然"立美德育论"从某种意义上讲还是教育学的理论，还是集中讲对德育实效的提升，不过这一实效又远高于科学意义上的绩效。所以，立美德育论对于德育来讲，首先是非常重要的一个教育观、方法论。它跟美育育德的不同之处在于，美育育德是在德育过程之外，而如果要由外到内，则首先是德育过程的审美化改造——首先是学生、老师，还有师生德育互动的内容、形式的改造，等等。

最后，"至境德育论"，就是一个境界追求问题了。对道德教育，我们在教育上所用的方法是存在不同境界的。首先，我们可能会"贿赂"学生去追寻道德。有时候，在某些年龄段，"贿赂"也是可以有德育效果的。在某些年龄段，大家去看品德心理学，本来就有一个道德判断的惩罚定向、互利互惠阶段。就是说在一定阶段为了让孩子知道对错，你贴一朵小红花，或者说是更物质的，给点压岁钱、买个小玩具之类的刺激，确实也能起到一定的德育作用，但是，那种境界肯定不是德育最高的境界。因为那种境界在品德发展里面，属于"前"道德阶段，个体根本还没有领悟到道德规范本身的意义，即教育是用道德以外的东西去诱导人的，所以我称之为"贿赂"。第二种境界，我们用片面的社会规范去"规范"学生。这已经涉及道德本身，因为是用道德规范本身去约束我们的学生。但是这种道德教育，其所宣扬的社会规范，往往只是赤裸裸的强制，单方面且赤裸裸地强调家庭、社会、国家的重要性。我们当然不能说家庭、社会、国家的利益不重要，但如果这些利害与每一个个体没有关系，就会违反基本人性，也会显得非常没趣、失去生动。所以最好的德育境界，肯定不是这种境界。我坚定地认为：只有当一种教育，能够让我们的学生充分欣赏到道德人格之美、道德智慧之美、道德生活之美，对道德生活的高贵与自由心向往之，没有任何牵强、非常乐意去接受社会规范对他的约束（或指导、帮助），非常高兴、自豪，精神上非常愉悦地接受道德教育内容的时候，那种德育才是最好的德育。而这就是我所主张的"欣赏型德育（模式）"。

大家应该都知道大美学家、美育家席勒。席勒的《美育书简》应当是每一个教育工作者的必读书。席勒曾经用三种"国度"来描述三种教育或人生境界——"力量的国度""伦理的国度""审美的国度"。"力量的国度"只有自然法则、丛林法则。没有道德的动物式生存，那肯定不好。第二个是"伦理的国度"，有道德规范，但是太过强制，显然也不是理想的人生。他认为人性如果要真实、完整，就应当像儿童沉浸在游戏中一样，陶醉在自己的工作中、学习中。那个时候人性才是最充盈、最完整的。这就是所谓的"审美的国度"。审美的国度在他那里也被称为自由的国度。德育美学观、欣赏型德育模式所追求的最高境界，正是这个审美或自由的教育境界。

## 让德育成为最美丽的风景

　　欣赏型德育模式最主要的理论基础，就是上述德育美学观中的"审美育德论""立美德育论""至境德育论"。我在讲欣赏型德育模式的时候，一直有一个感性的口号，"让学校德育成为一道最美丽的风景"。这就类似于开头所讲的"美学是未来的教育学"了。

　　我们提出欣赏型德育模式，除了反对刚才讲的实用主义的逻辑，还有一个实践性的考虑。这是后来我自己琢磨出来的。我觉得除了功利主义，全世界的德育，包括中国的德育，一直在两个极端之间徘徊，即：要不就是"绝对主义"，要不就是"相对主义"。

　　什么叫"绝对主义"呢？"绝对主义"就是"我是真理，你听我的"。当然，这个"我"可以是国家，可以是学校，可以是某一个班主任、任何一个老师。当教育的一方认为自己握有绝对真理，别人只有听他的份儿的时候，就是所谓的绝对主义。这种在教育形式上最典型的表现就是所谓的强制灌输模式。强制灌输式的德育在我们国家，一直延续到现在，甚至还为很多家长、社会人士、非专业的教育工作者所欣赏。他们认为这样的教育在"效率"上还是挺管用的。但事实上，这种德育，这种近乎"力量的国度"的东西，其实就是饮鸩止渴，即使在某一个阶段暂时有效，总体上讲，它也是无效的。比如，一个小孩儿不礼貌，一只手捧茶给爷爷。作为家长，你一巴掌打下去，可以马上就改变他的动作，教会他用双手捧茶给爷爷的礼数。但是，当这个小孩儿抹着眼泪双手把水杯再次递给爷爷的时候，就其对爷爷的孝敬来讲，肯定是更少而非更多的。双手捧茶水给长者这一礼数所要表达的实质，其实是价值而非规范。而价值的东西，如果情绪上抵制，接受这个价值就不可能了。当然，有时候外行觉得这还是挺有效——你打了他，他马上就照章办了，怎么无效？这当然有效，只不过这种"效"在某种意义上是饮鸩止渴的功效。在某些特殊发展阶段或教育情境，偶尔用这种方法未尝不可，但终究不是最好的教育形式，没有真正意义上的教育效果。在一个价值多元的社会，在互联网时代，这种德育将越来越行不通。因为有太多的不同意见，想强制让人家接受一个也许本来就不怎么样、遭人情绪上反感的价值观，这怎么可能？所以强制灌输是没有未来的。中国在德育上吃苦头最多的，是从中央到地方，许多人都坚定地认为强制灌输是对的。到目前为止，很多时候，政府的许多文件所奉行的其实都是粗俗的功利主义哲学。比如，现在我对某件事情关心，那好，某件事情就马上必须

"入脑""入心""进课堂"！这时候我们奉行的就是强制灌输的模式。迄今为止，这种思维惯性还很大。结果，有时候中国德育实践出现了一个十分荒谬、荒诞的逻辑："领导越重视，德育效果越不好"。因为领导的教育观念、教育哲学本身就是错的。当然，我批评强制灌输，并不是说中国的德育实践都是如此。我相信在座的听众也许都不在批评的范围之内——因为大家是尊重教育规律、反对强制灌输的，我们学校的德育也许也因此非常生动、主动。但我说的强制灌输是整个大的局面。

"相对主义"的德育，主要存在于欧美一些国家、地区、学校。形成这一局面基本上也有两个原因：一个是在教育内部对儿童的尊重，另一个是教育之外的思想自由的追求。出发点都是把更多的价值选择权还给儿童。这本来也是对的，因为任何价值观念的学习，如果离开学习主体的自由选择，就是强制灌输。可是，如果我们把所有的自由，无条件、一股脑地给孩子们，这种教育还能称之为德育吗？如果孩子做什么都行的话，德育当然就没有了。很多西方的德育理论与实践（不是所有的）很容易让人误入歧途。西方社会价值观念的混乱与其过于放任的教育思维密切相关。其实，中国社会也有类似问题。很多在网络、媒体那里自由传播的看似"最先进""最解放"的思想，往往是最粗俗也是最落后的。比如马诺姑娘讲的那句话"宁愿坐在宝马车里哭，也不愿坐在自行车上笑"，就曾经让举国愕然。这种时候你就会发现，为什么她敢那样讲？因为她认为在价值观上自己比他人都"先进"：你们太老旧了、太老套了、太落后了，我才是"最先进"的！不然的话，在电视节目里，她怎么能够在众目睽睽之下鼓吹买椟还珠的价值选择呢？总而言之，在中国当下的社会和教育环境里，相对主义的东西也越来越多了。但是，相对主义的结果往往是没有底线的，什么都行——尽管事实上，任何社会都不允许什么都行，即便自然法则也如此。人类社会最低的要求也是要过区别于动物的生活，最高的要求是越来越高贵的生活。为此我们肯定要对自己的社会生活有所要求。所以，这个相对主义（自由放任）的教育形式，与绝对主义的教育形式（强制灌输）都会导致德育效果的降低。

那么，怎么才能使德育取得应有的效果呢？我觉得德育既不能绝对主义，也不能相对主义，我们应该找一个中间道路：你既教人，但又不强迫人；你所施教的，又正是能够使人不亦乐乎的。这样，你便既照顾了学习者的兴趣、主动性、创造性，又教会了别人某些有价值的东西。你教了，区别于相对主义；学生在接受你所教的东西时不亦乐乎，这又区别于强制灌输。

故欣赏型德育模式有一个基本假设，在座的许多人耳熟能详。这个假设就是：如果德育的内容与形式能够经过审美化改造，德育就能够成为一幅美丽的画、一曲动听的歌的话，那么与这幅画、这首歌相遇的人，就会在欣赏中间自由地接纳这幅画、这首歌的内涵。

如此，刚才讲的绝对主义和相对主义的毛病，都会在对德育美的自由欣赏中自动消解。因为在自由、审美的欣赏中，一方面，自由使你区别于强制灌输的教育观念；另一方面，这种审美活动又有特定的对象，他一定会接受特定的某种教育。所以，最关键的问题在于，德育的形式和内容有没有成为那幅画或那首歌？换言之，因为审美的前提是美的存在。我们的教育内容有没有可能具有可欣赏性？

有些人问我：檀老师你讲的欣赏型德育模式是不是就是赏识德育？其实欣赏型德育跟赏识德育有很多区别。最基本的区别就是，只要做正确的事情你都可以赏识；而欣赏的前提是所观照的对象有审美意义上的可欣赏性。换言之，欣赏具有审美意味，欣赏的要求要比简单的赏识高很多。看见一个愁眉苦脸但合乎规范的学生，你会欣赏他吗？你可以表扬或者赏识他：你今天很不错哦，你合乎规范。但是你绝对不会欣赏他。你欣赏的学生，一定是那种流露出近乎天性的道德之美的孩子，这孩子真淳朴、善良，这孩子真有教养，如此等等。因为这个时候你在这个学生身上不仅发现了道德，而且观照到了道德的自由。就是说，如果一个学生只是被动、勉强地遵守纪律，你可以肯定（赏识）他，但你绝不会欣赏他。

简而言之，如果我们能够使德育内容与形式结果审美化改造而具有审美意义上的可欣赏性，那么欣赏型德育模式就接近完成了。

我们可以用些例子，讲有没有可欣赏性。比如说，我们教的那些道德规范，你纯粹从伦理规范角度去阐释它，是一个教育的思路。但如果从一个智慧的角度去看呢？学生的内在学习兴趣就会被大大激发。道德规范实际上是你为自己人生着想的应然选择。试想，我们立一个无谓的社会规范来纯粹约束自己、让自己不痛快，怎么可能？人类不可能愚蠢到这种程度。所有为我们自身制定的这些道德规范，都有合目的性。问题在于，我们如何让学生在这些伦理规范中看到合乎我们人性、合乎我们自身幸福生活目的性的东西。

孔夫子在《论语·宪问》里有一个说法：学习有两种途径，"古之学者为己，今之学者为人"。什么意思呢？孔夫子认为现在很多人学习是为别人学的，而真正的学习，肯定是"为己"的，即为自己人生境界的提升、为自己安身立命服务的。所有教育学专业知识技能的学习，如果只是校长命令你去学，你肯定很不愉快。相反，你自己觉得要把教学琢磨好，要使自己在课堂上变好，甚至将来更好，这时候你就处在一种非常兴趣盎然的内在状态。所以在不同的课堂，教育的气象完全不同，一个是非常异化的空间，另外一个则是自由的空间。你自己的事情，你自己愿意做的事情，就是为己之学。同理，当道德成为"为己"之德的时候，就不再是我们的敌人。所有的道德规范只有把"为己"性给学生揭示出来，让学生认识到这是人生的智慧的时候，学生才会豁然开朗：老师，原来是这样啊，原来应该这样看待事情。

我们可以举很多例子，比如说我很欣赏老子的一句话："生而不有，为而不恃。"《道德经》本来就没多长，但这句话重复了三次以上。其中一次，老子是作了详细解释的。他说："你去看啊，大地会生长出万事万物，但是大地并不试图占有它们。你看大地有多大的功德，但是它从来不吹牛、不骄傲！"创造而不占有，有为而不自大，这才是最玄妙、最根本的道德，即"玄德"。这个时候，你会不会觉得道德具有美感？你是否心向往之？相反，如果你只是简单地让学生遵守某个道德规范，不去作这种合目的性角度的解读，任何让人限制自己的利益、本能的道德要求的达成，都是最困难的任务。你让他超越私利，你让他公而无私，本来都是比较难的。可是，从老子这个角度来讲，从这一刻，他会有感动、感悟，原来可以这样，很多事情全想开了。相反呢，我忘记是哪个哲学家讲的，一个吝啬的人对财富就像是一个手攥着一把沙子，你攥得越紧，沙子流失得越快。我不能继续往下讲，我是想强调，当道德的规范、价值的观念成为一种文化智慧，被学生欣赏的时候，其实它就具有可欣赏性了。这个教育内容就已经有可能被学生欣赏了，这就已经是一种可欣赏性的德育内容处理了。

同理，道德人格、境界等也可以作审美化处理。在德育活动中，如果我们能够把道德智慧、道德人格、道德境界等，那种人性的光芒给展现出来，实在是美好的实践！德育就可能犹如那个西施本身的美、那幅画本身的美、那首歌本身的美，它会用自身的魅力自动、自然地吸引我们的学生，根本不需要我们有任何强制。当然，再好的德育也需要长期涵养的过程。但是如果能坚持这样做，实质的功效肯定会比在短期内饮鸩止渴的方法好很多。最为关键的是，这种德育是最合乎人性的教育方式。因此，这一德育实效的真实提升就不仅是当下绩效的改进，还是在教育的最终目的的实现角度上最有效的教育。

以上是德育内容的处理。我们再来看德育形式的审美化改造。

德育形式是我们大家特别要注意、警惕的东西。德的问题是德育的内容，如前所述，我们是可以作审美化处理的——如果我们想办法，对教育内容作审美化处理，道德智慧、人格也就比较"美"好，道德境界也就比较令人心向往之。这些都可以理解为"德"的改造。那么，"育"的改造呢？"育"的改造，当然就是教育形式的改造。关于德育形式的审美化改造，教育家们很早就考虑过，中国古代就有"诗教""乐教"之说——古人就认为我们可以用诗歌、音乐去教化民众。古代教育没有现在的德育、智育、体育这样逻辑化的区分，教育就是整体人的教化。而人的教养的形成可以通过诗歌、通过音乐去完成。孔子的"兴于诗，立于礼，成于乐"，就是一个最典型的例子。孔夫子告诉我们，只要稍微运用一些审美手段，就可以使我们的教育或德育变得很有趣、很生动、很美妙。所以，教育的外观也可以是非常美的。

《论语》中还有一个非常美的案例："（曾点）曰，莫春者，春服既成，冠者五六人，童子六七人，浴乎沂，风乎舞雩，咏而归。夫子喟然曰，吾与点也。"那个时候"冠者五六人，童子六七人"，是"游学"，非常高也非常美的境界。今天是班级授课制占主导的教育体制，只有在很少的情况下我们才能带着三五个学生到某个风景优美的地方，有这种美妙的瞬间。但这不等于说，我们一定没有机会达到孔夫子非常赞同的"浴乎沂，风乎舞雩，咏而归"的教育境界。可能形式变了，但那种教育的美好依然存在。所以，以教育形式来讲，最重要的就两个东西：一个是用一些技法让我们的教育变得生动；另外一个就是，最终生成的教育的结果、教育的境界是美好的，或者说是具有可欣赏性的。

我们在欣赏型德育的学习与实践中，也积累了一些例子可以确证以上结论。

比如对于爱国主义教育的处理——"在地球上旅行"。苏霍姆林斯基的"在地球上旅行"，就是带着小朋友沿着铁道线想象在祖国各地旅行。这是把牵强的爱国主义教育变成让祖国自身的美好自然增强孩子对祖国的归属感、亲近感的宝贵探索。我们曾经用这个案例的原理去推动了一些地方（如珠海、杭州等地）类似德育活动的审美化改进。在地球上旅行看起来只是具体的做法，可在我看来不是一个偶然的教育案例。其机理完全符合德育美学观、欣赏型德育的基本原理，类似探索非常有前途。

另外一个案例就是"美丽整洁的校园也有你的一份功劳"。香港一所小学的这幅标语可能是无意识写的，但它却把多重德育欣赏关系巧妙地展示出来了。这里所谓"欣赏关系"，至少有三种以上。第一种是"美丽整洁的校园"这几个字的意味。在某种意义上讲，"美丽整洁的校园"就是孩子们的作品，有孩子们对他们的道德、劳动作品的欣赏在里面。通过对作品（结果）的欣赏，去促进孩子的正向价值观念，是非常重要的德育方式。第二种是对道德智慧的欣赏。什么叫智慧呢？这幅标语实际上是在告诉孩子们，我们学校这么干净，其实只要我们每个人稍微注意一下言行就行了。只要我们稍稍注意，我们的生活就更美好的道德智慧的宣传，就在一句简单、朴素的口号里面。还有一种就是鼓励孩子对自我道德成长的欣赏。因为这个标语明确强调美丽整洁的校园有"你"一份功劳，它指向孩子们自己对自己的一种欣赏。这一标语背后的机理也是德育美学观、欣赏型德育。在欣赏型德育模式的试验中，我们应用这个案例开展了许多德育活动的审美化改造。

从孔夫子时代直到今天，我们对于欣赏型德育模式的建议，实际上有充足的理论、现实基础。许多学校已经有实质性收获，即使可能从某种意义上讲探索还不是很成熟。到目前为止，至少很多学校尝到了甜头。比如北师大二附中。二附中有非常了不起的地方，比如他们对欣赏型德育的追求，是非常自觉的。有一次曹校长跟我讲了一句由衷但正确的大实话，大致意思是：檀老师，作为一所高中，学校不重视高考是不可能的；但是我们北师大二附中认为，高考成绩的提高，应该是孩子全面、自由、健康发展的当然产物。在目前的中国，这种认识就是最现实又最具智慧、最有境界的一种选择。倒过来讲，很多学校改革的时候，最怕的一点是什么？是高考升学率掉了怎么办。我看关键问题是，你是什么样的改。在我看来，如果符合教育规律的，如果改革所需的条件都准备得比较充分，而不是看一个必要条件，改革就一定能提升学校办学质量。有很多时候，很多学校强调一个对的东西，可是那只是必要条件之一，不是充分条件。这时如果你把一个必要条件无限夸大，它虽然重要，但由于忽略了别的东西，真的可能导致高考升学率降低，这一点都不奇怪。但也有一点，如果是因为你忽略了其他条件，即使改革失败了，也不是说最初那个必要条件（方向）是错的，不是说你坚信的那个价值观是错的，不是你做的选择是错的，是因为你别的条件准备还不充分。北京师范大学的教育学研究者和二附中老师，就是一条马路之隔。如果处置得当，教育学那些经过历史与现实检验是正确的东西，不可能在二附中实验的时候，把升学率搞下去。最关键的问题是，怎样让这种变革的可能性经过我们自己的努力变成现实性。就欣赏型德育模式的探索而言，到目前为止，我们还有许多稚嫩的地方，但很多方面已经有踏踏实实的进步。比如由于欣赏型德育模式的探索，在班级文化的改造方面，在学校文化的改造方面，二附中已经有非常大的变革。当然，二附中一直有重视人文精神培育的传统，这也跟我们欣赏型德育所追求的方向是完全契合的。在这个意义上讲，我不仅是大家在某些具体事务上的同事，更是这一类学校教育事业上的同志。

现在所谓的好学校，"好"字有太多的含义。有时候是教育学生全面发展的好，有时候仅仅意味着升学率比较高。比如某个省升学率最"好"的学校，就是上课"零抬头"的"好"。像这样的学校，高考升学率再高，他一定是教育的恶，是全世界教育学家一致批评的恶，而不是真正的"好"。当然，迄今为止，还有一些家长会认为那所学校是"好"的。理由很简单，它让自己的孩子上北大、上清华。所以，我觉得需要反复强调一点：教育学生全面发展的好、合乎教育规律的好，才是我们发展的正确方向，才是真正意义上的好。而更重要的是：美好，美好，最终是要因美而好才行！

以上所讲的都是欣赏型德育模式，下面，让我们再回到最大的命题"美学是未来的教育学"。


## 建立教育活动评价的第三标准

起这样一个题目，准备这样一种随意的演讲形式，原因之一是我不愿意引经据典、烦琐论证，我愿意以沉淀以后更加澄明、简单的方式与大家交流。

前面已经说过，高尔基有一个非常好的命题："美学是未来的伦理学"。他的意思其实也就是欣赏型德育模式追求的意思——伦理要真正发挥现实的作用，一定要让伦理之美发挥效用，人们才能自由接纳道德规范与价值，也才可能有真正有效的伦理实践。所以的确，

"美学是未来的伦理学"。这里，我把它改成"美学是未来的教育学"，意思类似：教育学只有获得美学的灵性，才是真正、完整的教育学，才能具有真正提升教育的品格。

十多年前，我曾经在《中国教育报》上发表过一篇不太长，但是很重要文章——《教育活动评价的第三标准》。说它重要，是因为到目前为止，对教育活动的评价，一般来讲我们实际都只承认两个标准。第一个就是合目的性标准，即"善"的标准，就是认为教育要合乎社会发展的需要、合乎孩子们成长的需要、办人民满意的教育，等等。另外一个就是合规律性的标准，即"真"的标准，如尊重儿童发展的规律，尊重课程理论、教学理论、教育管理等一系列的教育规律。但是教育学一直有个常识性的疏忽，那就是我们强调善、强调真，却很少强调美。实际上教育实践不仅需要合规律性的标准、合目的性的标准，而且必须有合规律性与合目的性相统一的标准，那就是美的标准。人类社会所有的实践都应当有真、善、美这三个标准本是常识，可是奇怪的是，我们的教育活动往往只谈真与善。所以，从那个时候起，我就一直呼吁要建立教育活动的第三标准。

我在《中国教育报》上强调那个命题、发那些感慨的时候，想没想德育、德育美学观呢？当然想到了，但是不是只讲德育呢？断然不是！因为教育活动评价的第三标准应当覆盖所有的教育活动，覆盖德、智、体、美、劳全部教育领域。所有的教育实践都应该遵循审美的原则。现在的问题是，教育学教科书缺乏美学常识，现实教育实践中美育也是最不受重视的。所以我一直认为，在这个意义上说，迄今为止的教育学理论和实践都处在格调较低的、粗放型的历史阶段。

## 幸福和审美的共同秘密

大家已经注意到，今天的讲题还有一个副标题——现代教育的审美救赎。下面我们就从这个副标题讲起。

教育者应当经常问自己：教育是什么？教育有问题吗？有什么问题？

答案当然是中国的教育、全世界的教育都有问题。中国教育的问题，我们可以从正面去讲，也可以从反面去讲。如从反面说起，一个最典型的例子就是应试教育的顽疾。从某种意义上讲，很多时候我们在座的都是应试教育的帮凶。的确，应试教育与其说是教育问题，不如说是社会问题。其形成的挥之不去，教育只能负很小的责任。为什么？因为全社会都是这样一个逻辑："不要输在起跑线上"。为什么要花重金进好的幼儿园？主要是因为要上好的中学。为什么又要不惜代价去竞争好的中学？是为了上好的大学。好的大学仍然是工具性的，是为找到好的工作。好的工作也是工具性的，是那些赚钱比较多又比较轻松的工作。很多年以前，我有一个学生，我过问他的就业情况。他说："工作好找，好工作难找。"我问什么叫"好工作"。他最后表达的也是这个意思。简单一点说就是"拿钱很多，干活很少"。于是，我对他说，你的意思，简而言之就是"少劳、多得"，或者不劳而获、投机取巧。这样一讲，就点醒了他。

按照康德的说法，一个伦理，如果不能普遍化，它肯定不是健康、理性的规则。试问：如果每个人都奉行"少劳、多得"这个原则，那多得的部分从哪里得来呢？你多得的部分一定是从别人那里拿来的。这一定是一个剥削的、不公正的逻辑，怎么会成为你选择职业的标准？还有一个关键问题是，好的小学、好的中学、好的大学、好的工作、好的生活，不是一个没有破绽的逻辑。因为到最后，在"好的工作"跟"好的生活"之间有可能断裂。"好的生活"肯定应该是幸福的生活，可事实是高收入未必等于生活幸福。很多收入很高的人，并不幸福，怎么办？最后这个链条一断裂，你会发现前面的一系列逻辑关系就会失去基础。

所以，从一开始我们就要问：教育到底应该、能够给孩子什么？所有的教育活动对于孩子来讲，都是为了他生活质量的提高，换言之，实际上最重要的标准就是生活幸福。而幸福既是一个伦理的范畴，又是一个美学的范畴。孩子们失去当下及未来的幸福，教育就没有意义。

在我看来，应试教育挥之不去，就是因为我们这个社会充满了实利主义。大家全是应试教育或者实利主义的逻辑。某些场合有些人可能会不承认：我受过高等教育，我是高级别的领导，我也会这么想吗？可是，你不这样想，为什么一样去帮自己的孩子择校？所以，不管这个人外包装怎样，基本上中国大多数家长实利主义的逻辑是不变的。这种逻辑如果不改变，这种社会哲学不改变，整个社会风气都不改变，当全社会都在为上课零抬头的学校鼓掌的时候，很多学校就经不起这种诱惑或压力，都走应试教育。大家一起为虎作伥当然是不对的。但最最重大的根源是，推动为虎作伥的这个机制之一，我觉得本质上是社会心理的问题，是社会哲学，即实利主义的社会哲学问题。如果社会文化、社会哲学不改变，应试教育也就很难在我们国家得到根本的改变。当然，我们教育系统也可以作适当努力，尽量使我们所在学校的教育水平相对高一点，教育异化相对少一些，这也是可能的。但是如果整个社会，这个土壤不变的话，我们会遇到很大的麻烦。所以我觉得，应试教育之所以摧残学生，而且明明知道它摧残学生，全社会都大声疾呼，但实际上相应的改革却落不到实处，根本不是那些技术性的教育问题，根本在于社会观念、社会哲学（实利主义哲学）的问题。我们可能需要进一步发问：实利主义的社会观念如何改变？有没有相反的逻辑——非功利的逻辑可能性？

上面是一种反面的教育批判。第二个方面，我们正面看。中国现在经济实力一直往上升，但是我们也有很多忧虑。一直升又怎样，不就是"来料加工"的厂子比其他发展中国家多一点吗？所以，钱学森先生去世前问倒了共和国的总理，问倒了所有中国人：为什么我们的教育培养不出大师？

那个大师啊，那个创造性人格啊，为什么我们如此之少？根本原因到底在哪里？我们很少去反思。其实"独立人格"跟"创造性人格"这两个问题，对我来讲，差不多是一回事。独立人格更具价值性，创造性人格更具工具性。如果一个学生，没有独立人格，老师讲什么就听什么，是不会有真正的创造性的。如果大学教授，什么东西都要依据上级指示办事的话，也就没有独立的学术可言。换言之，失去独立人格，我们就不可能有真正意义上的创造性。

到目前为止，在体制上我们国家有两个问题。一个是我们自己的问题，另一个是全球性的问题，都是非常难超越的。我们自己的问题是官僚体制、专制文化的问题。如果不进行社会主义政治体制改革，如果所有自由的翅膀都被约束，以人身依附为逻辑的社会约束太多，是不可能有独立人格的。如果这个东西不改变，创造性人格也许偶尔会有，但是想大规模地培育创造性人格，是不可能的。有时候你会发现发达国家的教育也可能是很糟糕的，例如一些学生太过自由、散漫。但是恰恰自由、散漫可能会造就学生的独立人格、创造性人格。

独立人格、创造性人格培育在全球范围内遭遇到的最大的问题是什么？就是工业化、现代性膨胀的问题。工业化、现代性的逻辑，是把所有的人都磨平，变成标准件、变成"单向度的人"。有些是我们无奈的，有些则是我们无意识地强化了这种无奈。

什么是无奈的教育问题？比如我们想把班级授课制、集体教学体制取消掉，短期内看不到希望，就是发达如美国也做不到。因为你有那么多人，社会负担不起个别化教学的成本。其实班级授课制就相当于工厂的流水线作业，你会发现，泯灭人的个性的教育异化与机器大工业时代的来临有密切的关系。而美学明确反对这一异化的逻辑，从席勒开始直到今天，两百年、三百年矢志不渝。当然，现在还有后现代的哲学批判。许多后现代思想家明确反对确定性，反对过死的规律性，反对机械特征，反对流水线思维。流水线作为生产线，是一个伟大的进步，因为它能批量生产，大大促进了生产力的发展。但另一方面，人之所以不同于动物，是因为人具有非常独立的人格、非常自由的意志。人格的本质特征是自由，而现代性所扼杀的恰恰就是人的本质、人的自由。所以，从工具逻辑上来讲，没有自由，就没有创造性人格；从本体意义上讲，没有自由，就没有人的本质存在。

马克思在《1844 年经济学哲学手稿》里面，有一段非常精彩的关于人本质的描述，他认为：人的类特性是自由的自觉的活动。我觉得这是马克思关于人的本质的最好的概括。虽然马克思也讲，人的本质就其现实性而言是人的现实关系的总和。我认为人的本质与人的本质形成的条件是两回事。我觉得最概括地讲，最精辟的本质应当是与其他动物比的"类特性"。动物是按照动物的法则在生存，而人可以超越自然法则，当然是"自由的自觉的活动"。所以，如果从这个意义上来讲，现代教育，尤其是我们中国的教育，问题多多，重要的原因在于我刚才讲的第一种官僚体制、专制文化对我们的约束，以及我们和全世界都共享的现代社会的现代性对我们的压迫。从某种意义上讲，我们也可以把官僚制度与现代性归并在一起。独立性人格、创造性人格为什么不能产生？根源是社会的异化，然后再导致教育的异化。

"异化"这个词，我相信绝大多数老师都知道。异化是指"劳动异化"。按照马克思的讲法，异化就是人的劳动所创造的东西反而变成奴役自己的力量这种现象。比如说货币是不是我们创造的？结果货币可以成为我们生活的主宰。房子是不是我们创造的？结果我们许多人居然成为房奴。劳动本该是主动、创造因而愉悦的事情，结果却变成了一个被剥削、被奴役的状态。这种本末倒置、违背自然的东西就叫异化。我们再进一步想想，我们教育有没有异化？我觉得我们不是有没有异化的问题，而是现在教育异化的成分太大、太多、不胜枚举的问题。教育到底要干什么？我觉得教育至少是要帮助人、解放人的。可是结果呢？我们可以扪心自问，我们是帮助人还是约束人？教育应该是让我们的孩子更有创造力，让他们张开想象的翅膀的，可是我们一天一天枯燥的机械训练，是让他们的翅膀张得更开吗？我们天天在做的那些工作，是在害孩子还是在帮孩子？天晓得！

我曾经对一个中学校长说，学校要变革，首先要烧掉所有的练习册。我记得我在 20 世纪 80 年代的从教经验。我曾经在一个农村普通完全中学工作过，我所教学生的高考成绩非常好的原因，可能是因为我们那时候根本没电脑、没 PPT，我们要刻钢板。就算搞应试教育，至少那时我们首先得把天南海北的复习资料汇在一起，挑一挑所谓好的题目，再刻钢板印出来给学生们做。在那种情况下，教育机制反而是对症下药、因材施教的。因为我刻钢板的同时，对那些练习题是有筛选的。我是把我认为好的、合适的题目筛选出来给学生。现在出版社、印刷厂大量印制的复习手册，有哪一个是为我们某一所学校某一个班级准备的？那不可能的。但我们现在很多学校，最简单的做法就是买一大堆的复习资料，所以高三学生那个案头啊，山一样！我每次看到他们的案头堆得那么高，心里都充满了痛苦。我是觉得都几十年过去了，我们的教育为什么反而还不如以前的教育？我们的社会更先进，我们的技术手段更先进，可是我们孩子实际得到的教育（即使是在应试教育的标准之下）怎么会比以前更差呢？所以，我觉得当前中国教育异化是非常严重的。在这种情况下，你再去想应试教育的问题、独立人格的问题、创造性人格的问题，为什么那么严重、那么挥之不去，就很容易想通。

再回到我们的题目。教育工作者必须经常问自己一个问题，就是"你幸福吗？"这个严肃的人生问题已经在不久前被媒体人问了。以至于现在如果有人问"你幸福吗"，大家都当作一个笑话了。但其实，这个问题是一个重要的、永恒的人生追问。人生最重要的追问，莫过于此。同时，现代教育的救赎之路在哪儿呢？我觉得也是与这个幸福概念有关系的。

幸福到底是什么？我一直认为，幸福既是一个伦理的范畴，又是一个审美的范畴。

幸福概念是应该加以澄清的，不然就极容易被误解。比如，幸福到底是什么？有钱就是幸福吗？我房子比你大，那我不就比你更幸福吗？又如，我很多的欲望没有得到满足，我还能幸福吗？这些幸福的追问，往往都是缺失性需要是否得到满足。所以在这种情况下，同样的问题去问农民工，人家农民工，收入很低，幸福什么？实际上，你反过来问这两个问题倒是有一些道理的：第一，一些农民工为什么不幸福？第二，是所有农民工都不幸福吗？

在伦理学上，幸福应该如何定义？我认为，幸福是一种主体意义得以自由实现的人生状态。或者说，幸福是人之为人的本质自由实现时的主体生存状态。什么是幸福？就是一个老师在课堂上非常自由地展现其教学才华的时候——他下课的时候很累，但是他却觉得棒极了，那就是幸福。所以，当一个主体的自由本质得到实现的时候，这个主体的生存状态就是幸福。这是伦理学意义上的幸福。因此，伦理上的幸福与人的自由及其实现有非常内在的关系。

美学上的幸福，就是人生的惬意、美好，具有审美色彩。虽然关于美，苏格拉底曾公开讲过，给美下定义是特别难的。不过很多美学家都赞成，美与自由有内在关系。

比如黑格尔说什么是美，他举了一个例子：当一个小孩在池塘边将石头往池子里扔，他惊奇地看到那个石头激起一圈一圈的涟漪的时候，就可能有美和审美。后来他又解释为什么那个时候会产生美感、产生美，因为那个孩子在那一圈一圈的涟漪里看到了自己。看到了什么样的自己？马克思有两个非常精彩的表达。第一个就是"本质力量的对象化"。就是说，我们在对象中看到了"人的本质力量"，所以我们可能就有美感，对方就是美的。所有美好的事物，包括自然物、纯粹的形式，都是我们在对象当中看到了自己，我们才能在客观对象中读懂它、欣赏它，对方才是美的。那本质力量的对象化又是什么东西呢？本质力量又是什么？马克思的另外一句话，也是我自己十分推崇的一个命题，那就是：人类的特性是自由的自觉的活动。我认为人最重要的本质就是自由。换言之，不管什么东西，一个活动也好，一个现象也好，如果我们能从对象中间观察到人的自由本质，那么美就有可能发生，对象就能被我们读懂，因而它就是美的。当然，自由在不同的人那里表述是不一样的。比如审美自由与政治上的自由概念就是略有区分的。政治自由是指摆脱奴役，按照自主的意识去行动（当然也要为这个行动负责任），它更多的是表达自主意志。但审美自由不完全是这个意思。审美自由是什么呢？当一个活动你说它是自由的，就意味着它不可能只是机械地"合乎规律"的。比如说一个老师上课的美，或者真正意义上的审美自由，就是我们觉得他"棒极了"的那种教育者主体的自由。他的教育美之所以成立，是因为他有教育活动的主体自由。自由在形式上的特征也就是"合规律性与合目的性统一"。马克思说"动物按照自己固有的尺度去活动"。而人呢？不仅按照内在固有的尺度去活动，而且"按照任何物种的尺度"去活动。我们不是鸟，本不能飞，但后来我们比所有的鸟儿都飞得更高；我们没有鱼鳍，但我们比任何鱼类都能游泳。人类跟别的物种最大的区别就在于他的自由特性。当然，这种美学意义上的自由，不是你想干什么就干什么——庖丁解牛游刃有余的关键，是由于完全熟知牛的骨骼。因此，合规律性、合目的性的完全统一才是美学意义上的自由。

所以，主体自由本质的实现，如果在伦理上讲，可能带来幸福。而如果从审美意义上来讲，可能产生美。换言之，美的生活或者幸福生活，你可以用不同的形式去表达，但意思是一个。

我在 20 世纪 90 年代作德育美学观研究的时候，学习过许多种美的定义。当时中国美学家多数按照马克思的"本质力量对象化"或人的"自由的对象化"这个理路去阐释美。而"自由的对象化"在我们国家有很多种表达，有人说"自由的象征"，有人说"自由的形象"。高尔泰先生表达的是"自由的象征"——这个事物我们之所以欣赏他，是因为我们主观上看到我们人的优越与自由。蒋孔阳先生说，这个事物之所以美是因为一方面展现了人类自由，另一方面又有另一个形象给你看。我在德育美学观的论述中采用的美的定义是李泽厚先生的"美是自由的形式"。这是什么意思呢？它跟象征、形象有什么区别呢？我认为象征的主观性太强，对美的客观属性关照不够；而形象又太窄了，比如数学美、科学美就不一定能以形象表达，它会表现为某种抽象的逻辑美。比如一个数学公式，一个物理问题的解法，等等。它有简洁、明快等美感，但那种美感不可能是一种形象，它是一种明快的逻辑，一种理念性质的东西！这种理念性质的东西的出现作为智慧形式当然会被学生欣赏，也有智慧美，可是它不能归结为形象。所以，我觉得"自由的形式"是比较合适的。

如果我们把美定义成"自由的形式"，而所谓"自由的形式"就是"合规律性与合目的性的统一"，我们就会发现这个结论是非常有用的。美学家赵宋光先生有一个很好的观点。他说，这个美的存在以及审美活动发生的时候，事物本身一定要有美的形式，叫"中介结构"。当事物那个美的中介结构与我们发生关系的时候，我们才能看到美，因为美本身是个非常抽象的东西。所谓中介结构，其实就是"合规律性与合目的性相统一"的形式。

依据这一理论，我认为中介结构对德育美的解释有两种情况。第一种情况是中介结构的外化方面，"以真为形式，以善为内容"。需要说明的是，这个"真"跟"善"与我们的日常用语是两回事——"真"就是"合规律性"，"善"就是"合目的性"。美的规律不同于纯粹"真"的规律之处，在于它的合规律性中间包含了合目的性。它在向我们"许诺自由"。它表达的是一种许诺的自由的美。什么叫许诺的自由呢？就是它不一定是现实的自由，但你按照这个原则去办事的话，你就能获得自由。德育内容里道德的智慧美就是最典型的"许诺自由"的例子。比如"信近于义，言可复也"——就是你对别人的承诺，若程度恰当就比较容易兑现，如果你兑现承诺，人家当然信赖你，就"言可复"也。"恭近于礼，远耻辱也"也是一样，你对长者的恭敬保持一定的分寸以后，你就远离耻辱——因为过于傲慢，会导致耻辱；阿谀奉承同样会自陷于耻辱。所以你对人的恭敬在礼法之内，你就远离耻辱。你会发现，礼是规律，义是规律，如果这样做，你会获得自由，这就叫"许诺自由"。以此类推，所有事物，比如说某一个数学题的解法，如果它美的话，也必然具有这一特征。你把这个招数可能带来的自由揭示出来后，学生就不仅接受这个招数，也爱这个招数，这就是智慧美的欣赏。

其实任何教育活动，如果我们能兼顾到审美的角度，促成"乐学"的几率会大大提高。在日常教育生活中，我们往往浪费很多教育的机会。比如，劳动课结束的时候，很多老师会说："赶紧把东西收拾好，走人！"其实劳动结束以后，是最好的审美时机。你想，经过打扫，原来乱糟糟的教室，现在窗明几净，让大家看看"我们的教室多么漂亮！"多么美好。很多时候，异化跟恢复正常的生活逻辑其实就是一念之差。

另一种情况指的是中介结构的能动方面。打个比方，如果前面是解释"德"（解释教育内容）的话，后面这个中介结构解释的是能动的形式，即教育实践之美或者"育"之美。前面所说的外化或客观方面，你首先看到的就是合规律性，然后才是合目的性。这里所说的能动方面则相反，它以善为形式，以真为内容。比如庖丁解牛，让人首先感觉到好像他要怎样就怎样。但美的活动不同于纯粹的善的活动之外，就在于合目的性后面存有主体活动的合规律性。因此活动之美，是在形式上实践自由，在现实活动中"施展自由"。一个老师出神入化地教学，就是在施展自由。当然，人们从主体活动到达到目的的过程之间，看到运用规律的理性，才会觉得这老师真棒。

"合规律性与合目的性的统一"，还可以解释很多东西，比如人格美。一个学生的道德成长被你欣赏，不只是说他合乎规范，而是你发现他对道德规范的遵守近乎展示他天性良善的境界，那也是庖丁解牛。同理，你会发现"孔颜之乐"的妙处在哪里——仍然是合规律性合目的性的统一。"孔颜之乐"是伦理的境界，更是美学的境界。"饭疏食饮水，曲肱而枕之，乐亦在其中矣。不义而富且贵，于我如浮云"，这个"乐"可以理解为今天的幸福。他能做到前面那句话所表述的内容，关键就在于后面的那句话。不管怎样，没有道德的自由，就没有这种人格的美。

在日常德育中，最重要的审美要素实际上就这么几个。首先是人格美，如果我们老师的师表形象能够做到那种程度，学生就是如坐春风；同样，如果学生身上那些道德的美好被我们发现，并且被我们不断强化的话，就是最美好的德育、教学相长的美好人生。第二点是"德"美或是教育内容之美。如果枯燥的社会规范学习，居然能还原成一个有趣的东西，还原成既有智慧上的挑战又有精神享用性的东西，那么德育美就已经出现。这就是德育内容美。另外一种德育美是德育活动的外观形式美，就是刚才说的"施展自由"之美。我们要想办法，在教学上、班主任工作、学生教育工作中，创造"施展自由"的美好。最后一个是教育境界之美。境界是超越具象的东西，也是合规律性合目的性的统一。

无论是教育活动、教育内容还是道德人格，其最高境界都是审美自由。而失去自由即失去一切美的可能。在很多观摩教学中，会出现这样一种情况。比如说，一个老师看另一个老师今天讲课特别精彩，就那么几步，非常简单，淋漓尽致。他回去就按照这个模子套下去，亦步亦趋地教学，却没有预期的美好。那位老师就会失望，就没有那种教育的幸福感。个中原因很多，究其要者可能就是因为，你在简单套用。而完全东施效颦的时候，对其他老师来说是"施展自由"的模式，于你却是失去自由（受约束、被奴役）的模式。主体自由的存不存在，是德育美、教学美存不存在的关键。

换言之，"你幸福吗"不如换成"（在审美意义上）你自由吗"。自由意味着什么？自由首先意味着你的生活必须有某种目的性——你必须想干点什么，你想干点什么你才是自由的。另外，你的目的还要能实现，这才是真正现实的自由。对于教育者来说，幸福的两个条件是什么？第一，我们想把教育工作当成事业做，我们希望成就一番教育事业。比如我是小学数学老师，我就要想将小学数学教得最精彩。你必须有这样的想法，不然就没有教育幸福的可能性。因为在努力探索后，我真的教得比以前好，教育之乐就出来了。所以，很多时候，伦理上讲的幸福，跟审美上讲的美，其实是一回事，是对同一个事物从不同角度的定义。从审美意义上讲是美，从伦理意义上讲是幸福。今天演讲的最大目的之一，就是希望将我所理解的幸福和审美的这个秘密展示给大家。

经常有人问我，我们搞点外在的艺术形式放进去，是不是德育的审美化？德育美学观也好，欣赏型德育模式也好，最最要害的部分在哪里？现在，大家都应该能正确回答这些提问了：自由的形式的实现，才是审美创造最要害的东西，其他的东西都是辅助性的。就像某些外在的艺术形式的使用，如果失去主体自由，也一样会变成教学的丑。比如，不该有音乐的时候，音乐出来啦，那不是添乱吗？那是不可能有"教学美"的。音乐本身是美的，但如果妨碍了你的教学自由，那肯定是"教学丑"。

许多人听说我倡导德育美学观、欣赏型德育模式，所能想象到的，要不就是赏识教育，要不就是在德育过程中加上点戏剧，搞点音乐、美术什么的。虽然我不排斥这种佐料性质的东西，但我所要强调的主要理念，当然首先不是这些浅表的理解，我的教育思辨是从哲学（美学）反思开始的。我并不排斥蒋孔阳先生的理论（美是自由的形象），很多时候教育的确要有些有魅力的外观，而且最好是形象的东西，尤其对中小学学生来讲，德育内容与形式生动、具体、形象十分重要。但是切记：德育美学观、欣赏型德育的核心追求是道德、教育与审美的自由。这，才是最为重要的教育命题！

## 现代教育的异化与审美救赎

以上是从正面或美的构建的角度讨论的，我们再回到另外一个维度，即反过来的观照——"现代教育的审美救赎"。

为什么说我们的现代教育、现代德育需要有美的救赎？在我看来，简而言之，是因为对教育异化（如片面发展，强灌输、剿灭生机等）的根治特别需要通过审美改造去完成。

前面我列举过席勒所论述的"力量的国度""伦理的国度"和"审美的国度"。其实席勒所讲的正是以审美救赎现代社会的思路。席勒等人当时关注的是现代人的异化。工业生产、商品经济常常将人类朝两个方向引领：一个朝机械的、奴役的方向去，让人变成片面的人、被工业文明压制的人；另外一个方向，实际上也是一种异化，就是把人导向动物，人越来越低级，远离人的高贵。席勒当然希望有一个更美好的社会——"审美的国度"。在审美的国度里，人的高贵，是通过合规律性和合目的性相统一的形式养成的。在这种状态中，人的高贵得以养成的同时，人的自由也得以保全。或者说，高贵的人格是通过自由的教育所培育的。这种现代人的修复，实际上是完整人性的修复，也就是现代教育的审美救赎。

审美救赎很重要。那么，美作为自由的形式，审美作为对自由的关照，在实践当中我们怎么去应用呢？我认为在实际教育生活中，审美的教育可能有以下三种存在方式。

第一种方式当然是"美育"。这里的"美育"是广义的概念，远大于艺术教育。任何教育如果具有审美意义，都属于美育。在这个意义上讲，我愿意介绍另外一个概念。珠海有一所非常好的实验学校，研读了德育美学观以后，在 2000 年前后，他们开始自己探索，创造了一个概念，叫"德美育"。不是德育，也不是美育，而是"德美育"。当然，一般来讲，我们现实的美育形式主要还是艺术类课程，而且艺术教育课程也严重不足——这是目前中国教育格调低下的表现之一。

第二种方式，就是审美技艺的教育应用。在教育过程中用点音乐、美术，讲点课堂设计、节奏的美感，等等。我们可以在很多艺术形态里找到可供教育活动应用的艺术、审美的工具。比如说，有的老师戏剧修养很强，他可以在戏剧里找到能够运用于教育的元素；音乐修养强的，可以为教学找一些背景音乐；舞蹈元素、Flash，所有审美元素都是可以发掘出来、为我所用的。如果我们能建立这个艺术或审美技艺库，需要对教育活动进行审美化改造的时候，一定会比较方便。

第三种方式是全部教育活动对审美精神、审美境界的追求。对于教育的改造来说，审美最重要的不是那些工具性质的东西。尽管工具也很重要，甚至有时候探索一些小工具也并不容易，但是最重要的是工具背后要有审美的灵魂。如果工具的东西组合起来反而失去了美的灵魂、美的本质的话，就会出现这样一种状况：工具本身是美的，但整个教学却是丑的。美学是未来的教育学，首先是精神上的，从本体论意义上来讲，它能修复人性，解放学生，让师生双方自由、幸福。修复人性就是要能活得像人，要强调"趣味""游戏""自由""解放"，等等。

比如"趣味"，异化的教育当然没有趣味，而健康教育应该是让人不亦乐乎、充满趣味的。通过艺术技艺的使用，通过审美精神的落实，合乎审美法则的教育应该是怎样的呢？当然应该是有"趣味"的教育。"趣味"是什么？美学家朱光潜先生认为有两个意思。第一个是"有趣"，比如诗歌、小说等，能给人带来愉悦、有趣的感受。第二个特征叫"纯正"。要我表达的话，这两个特征一个是"有趣"，一个是"有格"，也就是有境界。我认为我这样的表达合乎朱先生的意思。他说人们愿意看小说，而不愿意看诗歌的原因，是因为在鸳鸯蝴蝶派的小说里能找到生活粗鄙的形式。而朱先生所主张的审美趣味是排斥这个的。他认为所谓审美趣味应当同时有两个特征（一个是有趣，一个是纯正），而非仅仅"有趣"。我认为这才是美学、审美学对教育活动所要做到的"趣味"。教育要让儿童不亦乐乎，而这个不亦乐乎又不是低级趣味。很多年前，曾经有人提倡"快乐教育"。让儿童快乐当然好，但这个快乐教育不认真定义的话，是极其危险的。因为某些低级趣味的活动也可能带来"快乐"，而那个"趣味"不是我们美学所倡导的"趣味"。真正审美意义上的"趣味"一定是有趣的，一定是生动活泼的，一定是孩子乐在其中、主体性得到弘扬的，但它绝不是朝低俗的方向去。

从某种意义上讲，美学对教育实践的指导意义，就在于审美原则的运用能带来教育的"趣味"，能够使学习变成一种高尚的游戏。学习与游戏到底是什么关系？一方面，学习跟游戏就像光谱的两极，但换一种思维，最好的学习又近乎游戏，而最好的游戏也等同于学习。真正的游戏状态，其实是人性丰满、人的主体性弘扬非常重要的表征。因为人在游戏的时候，其主体性、自由本质表现得最为充分。

曾经有美学家这样界定"美"：美就是一种游戏。我觉得游戏太具象，跟美是人的自由本质的对象化比，我更倾向于后者，但是在审美的帮助下，一旦教育的游戏特征在某种意义上得以恢复，教育的生动性也就得以恢复，完整的人性也就得以恢复。而当孩子们以游戏的心态不亦乐乎地从事学习这项智力游戏的时候，智力活动不光使他们的完整人性得到肯定，不光使他们的学习更有趣味，在座各位特别关心的学习成绩、教学效率也会提高。

一个好老师的标志之一，是他有本事让自己的学生乐此不疲、兴味盎然地学习。因为在那种状态下，师生双方的主体性都得到了最佳体现。当然，趣味也好、游戏也好，本质上就是要让学习者在教育过程中获得自由、解放——审美意义上的自由、解放，即"合乎规律性和合乎目的性的统一"。

总之，我认为健康的教育应该让学生当下自由和幸福，并且通过当下自由和幸福的学习去获得建构未来自由和幸福生活的主观能力。这才是我们的教育应该努力的方向。实际上教育的全部意义、终极的意义都在于此。

但非常不幸的是，实际生活中的教育常常是压制学生、约束学生，甚至是残害学生的勾当——这些就是前面所说的教育的异化。面对教育异化，我们常常推诿责任，常常说诸多教育异化都是由于社会的原因、体制的原因、历史的局限性，如此等等。但是，如果很多客观的东西不能马上改变的话，那些操之在我的东西，我们是不是应当马上做，而不是将来做？所以，最后我想用《论语》里面的一段话进行呼吁，也是与大家共勉——"我欲仁，斯仁至矣！"[①]孔夫子教导我们说：践行仁德其实并不是很远的事情。如果你愿意，马上就可以践行仁德。今天我提议将这句话改成："我欲美，斯美至矣！"

前面提到的《中国教育报》上关于教育活动审美标准的那篇文章发表后，我的一位老师（东北师范大学王逢贤教授，已故）曾经在电话里对我说："檀传宝，你在鼓吹一种教育理想啊。我们的教育，哪里还有审美可言，能按基本规范办事就已经不错了！"我回答说："首先，王老师您讲得很对，我说教育活动审美标准的建立，一方面的确是一种理想。不过，另一方面，教育活动的审美化又不完全是未来的事情，而应该是当下的事情。"孔夫子等伟大的教育家早在两千年前就有过诗教、乐教的理想与实践成就。而在现实中，我相信几乎任何

① 孔子 . 论语 [M]. 张燕婴，译注 . 北京：中华书局，2006：99.

一个老师都体验过教育生活的幸福。依照刚才的原理（教育幸福就等同于教育美），如果在教育生活中你曾经幸福过，你就一定已经创造过教育美，只不过你没有意识到那是美的创造带来的惬意，你也并不一定是用狭义的美（艺术美）的创造方式去获得这一美感体验而已。当一个老师非常轻松地完成一堂课的教学，乐滋滋地走出教室的时候，他当然已经无意识地创造了教育教学的美。所以具有审美性质的教育活动一方面是解放孩子，另一方面也是解放我们自己。具有审美性质的教育活动能够让我们自己从日常的、琐碎的、为生计所迫的奴役性劳动状态上升到为自己的事业、为自己生命意义的提升去拼搏的生活状态。因此教育生活的审美化，对教师自己也是最人道的选择。全世界的教师在经济上可能都不是最富有的，但有一点是任何其他行业都不能与之相比的伟大——教师是幸福人生的批量"再生产"者。从某种意义上讲，几乎所有的幸福人生都可能是从我们的课堂里开始生根、发芽、开花、结果的。也正因此，我们有可能获得人生最大的幸福感。世界上如果有一个最高层次的美的话，我认为那应该是教育之美。

最后，以一句话与大家共勉：为了我们自己，为了我们的孩子，为了国家与中国社会的健康发展，我们需要有"我欲美，斯美至矣"的勇气和实践。


［本文系作者于 2013 年 3 月 2 日在北京师范大学第二附属中学的演讲记录。李思齐整理，经演讲者本人审阅修订，部分内容已经节选发表于《中国德育》2014 年第 2 期。本次出版时略有删改。］

第二辑

# 德育
## 实践建言

# 让德育更轻松，
# 也更严肃

在目前的学校德育中，道德教育的核心地位正为愈来愈多的人所看重。但是为人们看好的道德教育仍有许多亟待解决的课题。这里只选择其中的两项予以讨论，希望有益于读者，也有对话者加入。

## 让道德教育轻松起来

在我国学校的道德教育中，一直有一种认知主义的倾向。所谓"认知主义"，指的是在学校德育中，教师只让学生进行道德上的判断、推理，甚至只是对他们进行记诵方面的训练，以为学生明白或记住了道德规范论证方面的若干理由，就会在实践中自觉地践行这些规范。认知主义并非中国的特产，实际上是与国际接轨的。就是说，德育在全世界范围内都有认知主义片面性的问题。

科尔伯格是道德认知学派的代表人物之一，就是他也不得不承认：小偷之所以行窃，并非其不知道不能行窃的道理。所以说，大量的推理和记诵并不能解决由道德认知向道德行为转换的问题。在中国，这种知行转换的问题直接导致了德育实效低下的后果。

横亘在知与行之间的主要屏障是情感的问题。道德情感及与之相关的其他积极情感，如审美情感等，都既是道德行动的动力，又是这一动力的放大器。只有抓住了情感的发动，才抓住了道德教育的关键。通俗地说，一个人不仅因为理解某项道德规范而践行它，更因为喜欢这一准则而践行它。认知主义只抓住了前者而忽视了后者，故在学校德育中，虽然学生记诵得很苦，但德育的实际效果却差强人意。

情感问题需要用情感的方式去解决。学校德育要摆脱死记硬背的苦痛，就必须让德育过程轻松起来，可以选择的模式之一即德育的审美（立美）模式。所谓审美模式，不是指简单地在原来的德育模式中外加一些工具性的艺术或审美因子，而是要让学生在德育过程中领悟道德人生及道德智慧的美丽。其中包括：从道德榜样的人格中欣赏其对道德准则驾驭的熟稔与道德人格形象的优雅崇高之美；不把道德内容看作异己的规则系统，而是将每一规则都看作人类驾驭自己生活的智慧，从中看到伦理智慧之光，即伦理的美；让学生在德育过程中既能欣赏到教师道德人格和教学方法上的自由或优美，又能欣赏、创造自己成功地驾驭道德生活准则的自由或合规律性、合目的性的统一。看见自身的道德人格的成长之美，比任何道德说教更能激起学生道德学习的动机。

美是自由的形式，审美即对人类自由本质的欣赏。让学生欣赏道德自由，是让道德教育与道德学习轻松起来的必由之路。

# 道德教育严肃起来

　　道德教育的另外一种错误倾向是行为主义。所谓"行为主义"，即学校德育犹如心理实验中的白鼠训练，它强调一些简单、琐碎的道德规范，却很少或根本不让学生体味规范所具有的价值内涵。鉴于许多人连起码的文明习惯都尚未建立，在一定范围内进行规范训练本来是正确的，但是如果从道德教育的角度看，无价值体验的简单规范训练则可能远离德育的本质。事实上，仅仅着眼于建立规范的一个现实结果，往往是使规范难以真正在德育对象的行为体系中确立起来，这是目前德育实效难以提高的症结所在，也是我们在编制一系列守则、公约时必须特别注意的。

　　要真正建立道德规范，就必须找回规范的价值前提，让道德学习个体体味道德规范的价值感。价值对于规范的重要性至少表现为三个维度：一是价值论证规范。任何规范都必须有价值上的理由，才能受到理性地遵从，否则就只能是无效的盲从。二是价值是规范体系的内核。任何个体对一系列规范的遵守都是其人格的表征，而人格表征的内核即人的内在价值系统，故真正的道德人格建设不能离开价值的内聚力。三是价值对规范的神圣化和再圣化作用。古代人往往因为宗教信仰而践行道德。而"砍柴担水，无非如道"，人们往往体验了作为神的一部分的神圣性。如今，科学进步使"上帝死了"成为现实，许多人放弃了对宗教、迷信的信仰，人间的规范变得功利、世俗起来，但放弃了对神的信仰，不可放弃作为人的尊严。所以马斯洛倡导现代社会需要实现"再圣化"，人们应重新从永恒的角度看待一切。让个体践行规范时体验到自己尽了作为人类一员的责任的尊严和神圣性，会使个体严肃地看待自己的道德生活，也会因为道德行为的神圣性和价值含量而提高其道德行动的内驱力。因此，神圣化或再圣化问题再次证明了价值感对于规范建设的重要意义。

体验神圣或价值、体验人类自身的尊严，乍看起来似乎是十分严肃的事，因而会给人一种对学校德育要求过高的印象。可实际上，即使是婴儿也会有某种神圣感。故体验价值或神圣不存在可能与否的问题，而只需要寻求对于价值感进行体验的合适的教育形式。比如，要求学生在旅游区不要乱扔塑料瓶是一种最具体的规范，而与之有关的生态伦理问题似乎是一个过于沉重的道德课题。可是，假如让学生体味生灵之间应有的相互关系，承担为子孙后代维护较好环境的责任并不是困难的事。在这个例子中，爱护环境的具体道德规范学习与人类的责任感的体味就可能结合起来，这一规范也就可能真正建立起来。

让学校道德教育轻松起来和严肃起来，看起来风马牛不相及，但这两端都通向道德教育的主体价值掌握的本质。道德教育要给予学生的是道德价值系统（其外显方面是道德规范），而给予的方式则是让学生自主地驾驭，"心向往之"地学习。这样看来，让道德教育轻松起来和严肃起来的问题，实质上是如何提高学校德育实效这一问题之答案的两个基本的方面。

［本文曾以"学校道德教育二题"为题，发表于《中国教育学刊》2002 年第 2 期。本次出版时略有修改。］

# 道德教育
# 需要精耕细作

## 人类已经进入道德真空时代，还是面临道德发展与转型

**记者（以下简称"记"）：** 现在请嘉宾谈一谈中国道德的现状，及中国道德教育现在处于什么样的状况。

**檀传宝（以下简称"檀"）：** 我想用一种比较积极的立场去表达对目前道德现状的评价。我同意黎鸣老师讲的，现在道德和德育都有很多令人担忧、让人着急的、比较消极的方面，但是我不同意"现在的道德是处于消亡状态"的说法。关于道德是进步还是滑坡，其实在很多时代很多人都以不同的方式进行过争论，差不多每个时代的人都觉得自己身处一个道德沦丧、世风日下的时代。西方思想史中基本上每个时代的人都说自己的时代道德消亡，但是没有一个时代的道德真正消亡。

这就要看你讲的是什么样的道德，如果把道德作为一种现象去观察的话，不可能有一个时代的道德会消失，它只是以某种形态存在。如果我们把它看作是某种意义上的道德，比如刚才黎老师提到的绝对

的道德或者全人类共同认可的道德观念或者说规范，我认为这只是它在变革、在发展，只是由一个形态变成另外一个形态，很难讲这是消亡。刚才黎老师也讲，有些变革是有问题的，有些变革则有利于人类的发展，在某种意义上讲是进步的。

中国的"道德"一直是一个政治意味很浓的观念，现在正在走向相对平民化的"道德"，这可能是进步。或许某些与现在的市场经济是相矛盾的，但仍有与市场经济发展相联系的新的道德成长起来。从这个意义上讲，道德不光是存在，还是进步。我不否认现在还有很多令我们焦虑的东西，道德状况从某种意义上讲问题也很多，我的观点是把它标志为：变化、发展、转型，这些比消亡更合适一些。另外，关于这种变化背后的原因，我非常赞成黎鸣老师的一个说法，就是功利主义和相对主义起了很重要的作用，当你把道德理解成功利的时候，道德个体是不一样的，必然是相对的。由于很多原因，我们对道德现状的评价确实比较困难。

尤其是最近几年，中国的德育在学校教育里进步还是很大的。小学已经不叫政治课了，叫品德与生活、品德与社会，初中叫思想品德。我觉得至少在小学和初中，假大空的局面得到了一些改变，尽管现在的教材有很多缺点，但是打破了过去全国用一个版本的缺点，因为不同的版本存在，内容更加丰富多彩。如果把这些因素考虑在内的话，应该将关于中国道德教育未来的发展和今天状况的评价表述得稍微积极一点。但整体来讲，我的忧虑也是很多的。

记：有网友问：中国的道德是传统的，还是现代的？是西方的，还是中国的？

檀：我觉得到目前为止，如果我们要去判断目前现实的中国人的道德是以中为主还是以西为主，非常难，要以非常"实证"的手段（比如做社会调查）去看。中国传统道德虽然被破坏得很厉害，但作为一种文化来讲，文化是一条不间断的河流，现在中国人身上都有传统的道德观念。要是让我个人来判断，如果作统计，到目前为止，中国人身上传统的东西仍然大于西方的东西，就人格来说，也还是传统人格比重大一些。

至于中国人应该拥有怎样的道德观念，看法也是因人而异的。我认为中国人应该在自己的道德文化根基上去吸收外来文化，最终形成有自己特色的道德文化。有两个原因。第一，当一个个体失去自己的时候，是谈不上自己身上有某些东西的。同样，如果一个民族连道德文化根基都丢掉了，逻辑上就已经不能讲中国人的道德人格了。第二，从对世界伦理或者世界道德文化的贡献的角度来讲，我们也不能丢掉自己的道德文化。就好像生物学上讲的生态平衡一样，把一个物种干掉之后，这个物种的优势就不存在了。如果全世界都变成美国了，那么发现这个模式不好就不能改了，因为没有别的模式可以参考。西方人在反思人类道德困境的时候还想到中国有孔子的思想，就是这个道理。

# 生动、高质、高效地进行德育　批评假大空不能没底线

记：华南师范大学教育科学学院院长扈中平教授有一篇文章

《对我国道德教育虚伪性的批判》，里面有这样一个观念，现在市场经济的道德标准应该有一些变化，道德教育的本质不是"利他"，而是"对利己进行合理的限制"。他的一些观念我不完全同意，但是一些东西也有其道理，咱们的道德教育经常有虚伪的地方，他就是批评这个东西，檀教授对扈中平老师的文章有什么看法？

**檀：**这篇文章我看过，我也进行了一些类似的呼吁。类似的学者也不少，就是认为中国目前的德育要求太高，学生做不到。其实，从教育实践的角度来讲，改革开放以后，中国学校的德育从某种意义上讲，一直在克服这个缺陷。

但是我觉得什么事情都要从两面讲，我们不能够简单地评价中国的德育，因为中国的德育概念太大。对中国的德育，我们承认仍然有假大空的问题，但另一方面，我觉得不能绝对地讲所有的德育都是这样。为什么？比如扈老师的观点是：道德不是利他的，而是对利己的限制，我们认为是你用限制自己的方式利他，这个本身不矛盾。他的文章我看得不很仔细，我觉得他主要的思想是不能要求过高。

现在又出现了一个新问题：道德教育的底线。简单来讲，这是与"今天的道德教育要求太高、是虚伪的"相矛盾的一个反面命题。因为我知道最近一两年，很多地方在修改道德教育的有关法规文件的时候（比如说《中学生守则》《小学生守则》），把勤劳、节俭等要求都删除了，这样可能真的会出现道德沦丧的状态。如果把勤劳、节俭都删除了，都说是虚伪的话，那么道德教育还能做什么呢？除了做经济教育，没有办法做道德教育。如果没有底线了，连基本的道德都不讲了，也就不存在德育的可能性。所以我觉得对于这个问题的回答，扈老师的呼吁是对的，但是对现实的评价要综合一些。我们现在既要警惕虚伪的方面，又要警惕相对主义和绝对主义的伦理观念和教育观念。

记：现在来回答一下网友的提问。网友花生米说："檀教授，请谈谈您对中国道德的理解，中国道德教育的手段、方式和终极目标是什么？您认为在现在，德育的手段、方式和目标是什么？"

檀：我的基本想法是，如果道德教育能够大体达成共识的话，在这个共识的前提下就有一个如何进行有效教育的问题。我观察过全世界的德育，如果找德育效果不好的原因的话，基本上是两极，一是东方国家比较长期采用的模式——强制灌输。老师就是对的，学生只有听的份，我们称之为"绝对主义"或者"强制灌输的道德教育"。另外是相对主义，某些西方国家和某些道德教育的模式采取这样的立场：基本上认为道德是个人的事情，是家长的事情，学生应该采取什么样的道德立场，应该通过他自己的探索去完成，学校和老师不能以任何形式进行干预。我们称之为放任的、自由的或者相对主义的德育。

这两个极端模式的效果都不好。强制的德育、绝对主义的德育导致普遍的逆反心理，效果不好。而实际上，把太多的自由给予学习对象之后，学生在五花八门的价值观念之前不知道选择什么，学校如果不进行任何干预的话，就会导致一个非常自由但是非常危险的局面。可能学生会选择一个成人社会认为是错的，或者干脆是反社会的立场，这也是比较麻烦的。所以这两种模式都有麻烦。

我的思路是，假如全人类还有道德共识，且有一些是我们能够认可的，我们要找到一个恰当的形式去实现我们所说的道德教育，既让学生感觉接受某种价值观念是自由的，同时成人社会又很负责任地把信息告诉他，避免两个极端。我的德育理念是找到能够把道德教育妥善地处理好，既能够让学习者有学习的主动性和创造性，同时又可以把教育者希望传达的价值观念和规范教育，通过比较有趣、生动的过程，高质量、高效率地传达的办法。①

## 道德教育必须与理性教育并举　儿童时期是道德教育的关键期

**记**：黎老师，你提出了孝悌忠恕的理念，你认为檀教授的思想模式能否有效果？

**黎鸣**：檀教授有一点理想主义。在儿童时代，甚至从婴儿开始的前十几年是真正最重要的道德教育的时代，道德教育严格地讲就是灌输，不是讲演。中国几千年来为什么在道德教育方面有它的长处，就是因为这个。现在讲读经，我是不赞成的。中国的《论语》和其他的经典，更多的是重视道德。但是如果你要读经的话，孩子们在不知不觉的时候，在得到道德教育的同时也受到了错误的理性教育。我认为现在最重要的关于道德的教育必须和理性的教育并举才有效。

---

① 蒋建华. 让德育成为最美丽的风景——与檀传宝教授谈"欣赏型德育模式的建构"［N］. 中国教育报，2002-8-3（4）.

当广大的青少年接受道德教育的时候，全中国的成年人必须认真地接受理性教育。因为实际上成年人的不讲理性在很大程度上毁坏了青少年道德的培养。理性和道德，彼此之间就好像我刚才讲的，身体的健康、理智的发达以及道德的深厚，这三个就是三足鼎，三条腿断了任何一条，社会都没有办法发展。

什么是道德？说白了就是两个字：利他。如果你有什么便宜可捞，全都是我的，别人都没有，这样每个人都没有道德。如果你认为全世界不止是我活着，还有其他人活着，你就是有道德的。

道德教育的时代，就是每个人在很好地度过童年的时代，真正能够给人以道德的时代就是童年，如果人在童年里没有得到很好的教育的话，在成年时就很难成为一个有道德的人。对这样的人有没有挽救的办法呢？有，就是增强他的理性。在成年时要加强他的理性教育，从另外一个角度说就是法治教育。一个人没有道德但是守法，也是亡羊补牢。对儿童的道德教育和成年人的理性教育能够同时兼顾，既要对现代的儿童加强道德教育，又要成年人不反过来破坏儿童的道德教育，不给儿童作坏榜样。只有这样，我们下一代的道德才能慢慢地丰厚起来。（简略）

**檀：**黎老师前面的发言很有意思，我想作两点回应。一个是您讲的那个观点，道德教育要从小抓，有一个非常重要的阶段，就是在年龄比较小的时候。这个是对的，其实弗洛伊德有一个极端的观点，就是人的基本人格是在五岁之前形成的。

但是我想作一个补充。一个是我们怎样看待教育，如果我们把教育简单地看成一种形式，那么它只存在于某一个阶段，比如说理的教育。但是教育的形式很多，有从行为方面切入的，有您刚才讲的理性讨论、分析的教育，也有从情感切入的。道德教育从某种意义上讲也有终身的意思。就是某一个阶段要采取不同的适合个体发展和特点的教育形式。像刚才讲的精神分析学派，后期的精神分析学派基本也是向那个方向发展，埃里克森说每个人的人格在不同的阶段都是有一定的发展特征的。在某一个时期，某一种教育形式可能起的作用更大。所以，如果我们把每一个形式都考虑到了，就是到了老年，个体也还有自身修养的问题，还是有道德教育的问题。道德教育不仅在幼儿教育、学校和低龄阶段是非常非常重要的，在其他阶段也要根据道德发展的实际采取恰当的形式。

**记**：黎老师，有网友说，黎老师把道德归结为利他，他不同意。能否把您的道理作一下具体解释？（省黎老师回答）檀教授您的观点呢？

**檀**：道德的本质是利他的，我先作一个解释，再回答问题。我觉得实际上功利主义的伦理学也有其合理的地方，因为道德和经济法则都是调节人与人之间的利害关系的，所以是有功利的。但是关键问题在哪里呢？

经济法则是拔河的法则，两个经理谈判，每个人都在争取自己公司的最大利益；而道德法则不一样，道德法则是打桌球的方法，把球往对方那里打。家庭伦理里的"父慈子孝"就是一个很好的例子：两个人都口渴了，只有一杯水，父亲把水推给儿子，儿子把水推给父亲。有时候两种法则调节的结果是一样的。两个经理谈判，只有一杯水，讨论的结果是一人半杯，父子之间推来推去也可能是一人半杯，但是机制不一样。道德是用利他的方式解决人与人之间的利害冲突，这个是没有问题的。"利他"的这个"他"要作恰当的解释。这个"他"可以小到身边很具体的个人，对个体来讲还可以包括他自己。道德讲自爱，实际上是把自己作为另外一个他来爱护。如果一个人不自爱、没有自己的话，无法说他有健全的道德观念。这个"他"，也可以大到集体、国家乃至全人类。

我想，用"利他"作为道德观念或者规则的本质去解释道德现象是比较合适的。

## 重视教育学与心理学专家　要高度关注德育专业化问题

**记**：网上有一个消息，教育部将成立青少年思想道德教育建设工作领导小组，以前教育部也有管青少年思想道德建设的部门，现在专门成立一个小组，这样管理就会更强一些，您能不能就教育部成立领导小组一事从专家的角度出些主意？

**檀**：我这里讲的就是要高度关注德育专业化问题，有三点意思。

第一，德育队伍的专业化很重要。要克服学校德育工作的粗放经营和"摸着石头过河"的现象。做德育工作的人对于每个阶段的孩子需要什么、如何专业处置德育问题要清楚。

第二，德育科学的专业化。就是对德育科学、德育专家要有全面、正确的认知。对教育部门来讲，对教育来讲，教育和心理方面专家的参与可能更重要。因为现在主要不是讨论要进行什么样的教育的时候，更多的是讨论我们如何安排合理的东西、如何有效地进行教育的问题，而对青少年、大学生的品德心理及其教育过程研究最多的，不是搞伦理、搞政治学的，而是搞教育学和心理学的。所以，我认为今后要高度关注教育、心理学领域的德育研究者，至少是这两个方面要同时关注到。

第三，决策的专业化、民主化。中国确有一批很长时间专门从事道德教育的专家存在，我个人也在其中。我们乐于为国家的教育事业做力所能及的事情。分管领导任务很重，来不及像学者那样进行很长时间的积累，所以我觉得需要倾听研究者的声音。以前基本上很少有这样一个机制让研究者参与，现在越来越好了。不仅形式上要做到，实际上也要做到。请专家的随意性不应太大，要清楚其具体是研究什么领域的，不然去谈的可能不是其专长。

［本文曾以"道德教育需要精耕细作"为题，发表于《中国教育报》2005年3月26日第4版。本次出版时略有删改。］

# 对中小学德育课程
# 建设的建议

中小学思想品德和思想政治课程建设事关教育的根本，所以一直受到国家领导人以及教育部和地方各级行政领导的关心，也是全国德育理论和实际工作者一直认真关注的问题。现依据本人的体验与研究，将对上述问题的一些看法真诚地提出来，供大家参考。

## 关于解放思想与开放意识

思想品德和思想政治课程是意识形态色彩较浓的领域。一些课程专家和德育工作者明哲保身、患得患失、因循保守，是可以理解的。但是问题在于：第一，不解放思想，根本无法改善德育的实效；第二，由于改革开放的深入进行，保守的德育最终会被历史所抛弃。由于世界经济一体化和互联网等的飞速发展，现在的中国已经是价值多元的社会。学校德育课程如果企图仍然延续过去的强制灌输模式，已经是根本行不通的了。在进行价值引导时给学生以必要的价值选择空间，培养学生独立的价值判断、价值选择能力等，应当成为我们思想品德和思想政治课程建设考虑的首要课题。德育课程建设需要有全球意识与开放的胸怀。

## 关于思想品德和思想政治课程的目标

过去我们一直关注德育课程的宏观目标，诸如培育"社会主义接班人和建设者"等。但是，宏观目标在国家的教育方针中已有明确的规定，课程的具体目标才是问题的重点和要害。思想品德和思想政治课程的具体目标应当包含哪些内容？它们与青少年道德发展实际之间应当是什么样的具体关联？思想品德和思想政治课程与其他课程在目标上的特点到底有哪些？它们之间应当形成什么关系以构成合理的目标系统？知、情、意、行，何为重点，如何突破？我们都应当认真、具体地通过严肃的研究得出结论。

## 关于思想品德和思想政治课程的内容与重点

思想品德和思想政治课程属于学校德育课程最重要的组成部分。虽然德育内容可以也应当包括思想、政治、法制教育等，但综观世界德育的总体发展和历史趋势，考虑中国德育本身的经验教训，不难看出，德育的基础应当是道德教育。现在的中学思想政治课，有人戏称其为"缺德"（即没有道德教育）的教育，是极其危险的选择。有人认为，道德教育在小学思想品德课中已经进行过，中学不必重复，这是没有任何根据的。一个简单的道理是：不同发展阶段，学生需要的道德学习的课题并不相同，道德教育具有终身性。小学阶段的学生也无法完成诸如道德判断和道德实践学习上许多较为高级的、在中学才有可能完成的道德学习课题。

## 心理健康教育不能在思想政治课程中安排或实施

心理健康受到重视当然是历史的进步，但是心理健康教育仍然不能在思想政治课程中安排或实施。原因是：第一，这样做可能混淆不同问题的性质，导致教育工作的失误；第二，思想政治课教师在没有受专门培训的情况下进行心理教育，根本不具备起码的条件；第三，心理健康问题在一般意义上说是终身性的，因而是全学段和全体教育工作者都应当关心的问题，而在专业意义上说又是心理咨询专家的事情。加上目前的做法是用心理教育取代有限存在的道德教育，就显得更不可取。将这一选择视为德育改革与进步的表现，更是荒唐的。

## 关于德育课程吸收世界文明精华的问题

思想品德和思想政治课程建设要真正有效，一个人尽皆知的道理是要吸收世界文明的精华。但是，如何吸收？我们认为，至少要注意这样几个问题：第一，应当注意对世界各民族、历史上各阶段的文化成果的消化与吸收；第二，应当注意对教育学、心理学、美学、文化学以及人文科学研究成果的吸收和利用；第三，对文明成果的吸收不仅是内容上的，而且有方法与形式上的。一个典型案例是，香港一套天主教会编写的德育教材，就曾成功地将其他宗教以及儒家关于同一问题的看法呈现给学生，同时在形式上图文并茂，娓娓道来，取得了上佳的效果。

## 关于课程与教材的相对稳定问题

课程的相对稳定是课程的严肃性与学科威信存在的前提。从1992 年起，本人一直在《光明日报》《课程·教材·教法》等报刊上呼吁建立思想品德和思想政治课程的"双轨制"（即基本教材相对稳定，时事性内容以活页形式依据年级的不同和形势的发展常换常新），以解决教材的过频变动所带来的课程可信度降低的问题。希望在严肃研究的基础上尽快建立这一机制，阻止政治课的威信和效果进一步下滑。

## 关于思想品德和思想政治课程研究与决策的科学性问题

思想品德和思想政治课程与其他德育课程一样，是在科学性上受到最严重忽视的一个教育领域。在一些人的心目中，思想政治课实际上是可以没有教育规律可循的。一个具体的表现就是：目前思想品德和思想政治课程标准、教材的制订者往往主要是政治学科的专家（与此相关，中小学政治课教师也是政治教育系的毕业生——在现行师范教育体系中，他们的教育类课程与中文系、数学系一样，都是公共教育学、心理学、教材教法和教育实习，而德育理论、品德发展心理学等具有德育特点的课程训练基本没有）。实际上，思想政治的效果一直很差的原因正在于此——虽然政治学科的专家也想依据德育的基本规律和青少年心理发展的实际办事，但是他们对这一领域并不熟悉。所以，必须建立教育、心理学科专家与政治学科专家合作的课程研究与研制模式，同时也应当改变目前忽视德育特点的思想政治课教师的培养模式。

## 真正重视和支持德育科研

思想品德和思想政治课程建设的健康发展需要严肃的德育科研存在和发展。由于种种原因，严格意义上的德育研究在中国常常是被一些假冒伪劣产品淹没的，在需要真正的科研支持时，往往是"李鬼"胜"李逵"。同时，由于缺乏日常培植，在需要有关专家时，真正意义上的专家可能为数寥寥。因此，必须尊重德育科学的科学性，给德育理论工作者以足够的时间以及经费上的支持。由于德育过程的复杂性高于其他领域，切忌一蹴而就，搞草率的运动式研究。教育行政部门应当理解德育研究的相对独立性与长期性，要采取适当措施鼓励独立和严肃的德育科学研究，为科学的德育决策奠定必要和坚实的基础。

［本文为作者 2001 年 2 月 8 日在教育部基础教育司研讨会上的发言稿，本次出版时略有删改。］

# 对思想政治教育专业的
# 课程改革建议

目前，我国中小学思想品德和思想政治课的师资主要由师范院校的政治教育专业来培养，这一培养模式对我国中小学的思想品德和思想政治课教学曾经起到过十分重要的作用，但也存在许多问题，其中最迫切的问题之一是课程设置。

目前最突出的问题是：假定政治教师与语文、数学教师一样，只需学好政治学科专业课程，再加上公共教育学、公共心理学和教材教法、教育实习等教育类课程，即可去中小学工作。而实际上，思想品德和思想政治课是中小学德育的重要组成部分，政治课教师要教会学生必要的知识，但是，知识本身不是教育目的这一专业特性与上述假定之间存在严重冲突。

原因在于：第一，它不合乎德育工作的实际。德育不同于智育、体育、美育的特殊性，是它具有直接和强烈的价值性。因此，如果德育课程与教学不合乎学生的品德心理实际，没有科学的教育方式，则不仅不会有任何正面效果，还会产生逆反心理等负面作用。你可以用强制的方式（尽管不对）要求学生把一个他不愿意写的字写 20 遍，综合效果可能不好，但仍然会使学生记住这个字。而同样强制的手段却不能在德育课程中真正奏效，即不能让学生接受你希望传授的价值观念。第二，它不利于德育工作实效的提高。假定学完政治专业即去教政治的培养思路，实际上为我国德育工作中不问对象的德育灌输模式提供了土壤。目前，全国范围内的学校德育，尤其是思想政治课的实效不高，重要原因之一是我们的培养模式和课程设置。可以这样说，继续用同培养语文、数学等学科教师一样的方式与课程去培养政治教师将贻害无穷。

由于目前的教育类课程设置中只有公共教育学、公共心理学和教材教法、教育实习，关于学校德育的基本理论、学生品德发展的基本问题等有专业针对性的课程基本不存在，因此，我们郑重呼吁政教专业培养的系所和学校相关部门，考虑以适当方式在这一专业的本科生和研究生教育的课程中加设"德育原理"和"品德发展心理学"等合乎专业特点和需要的课程（分别由教育系、心理系组织开设）。如果我校（北京师范大学）能够做好这一工作，将对其他师范院校产生示范作用，从而对全国政治课教师队伍建设和中小学德育工作产生积极的影响。

［本文系内部工作建议，过去未公开发表。］

# 德育教材编写的
# 四项基本原则

教材建设是课程建设最重要的任务之一，德育教材编写是德育课程目标落实的关键手段，德育教材的编写质量直接影响到德育及全部教育的质量。

目前，我国的国家课程除大学政治理论课、高中思想政治课之外，初中"思想品德"、小学"品德与生活""品德与社会"等课程均有数套或十数套教材。而依据国家基础教育实施国家、地方、校本三级课程的政策，各地区及学校还研发了许多有关德育的地方教材和校本教材。总体来说，在国家课程政策、课程标准发挥主导作用的前提下，多层次、多样化的德育教材建设思路是此轮课程改革的重要进步之一。因为唯有多层次、多样化的教材，才能适应我国幅员辽阔、文化多样、地区发展不平衡的实际，以收有的放矢、提高德育课程实效之功。也唯有通过百花齐放、百舸争流的方式，真正高质量的德育教材才能在市场竞争中逐步成熟和发展。但是，目前由众多出版机构主导、实际上以一线教师编撰为主的德育教材也出现了质量参差不齐的情况，亟须引起教育决策部门及教材建设当事人的高度重视。

如何保障、提高德育课程教材的编写质量？笔者愿意以一位长期从事德育研究的教育专业工作者的身份提出以下四点原则性建议，供大家进一步研讨。

## 确保德育教材的价值属性

德育课程有直接、间接，显性、隐性之别。本文所指的德育课程是直接的、显性的德育课程。德育教材的价值属性则是直接、显性的德育课程得以实施的重要中介环节——德育教材——的第一属性。因此，确保教材的价值属性就成为了德育教材编写的首要原则。要确保这一价值属性得以实现并彰显，教材编写者至少必须解决好以下两个方面的问题。

### 1. 如何确保孩子在德育学习上学有所"德"？

目前，德育课程的价值目标难以顺利实现的最大障碍，恰恰是教材编写者在许多时髦或"先进"的课程理念之下忘记或迷失了德育课程最重要的德育目标。比如，如果理解正确，"德育回归生活"当然可以给教材带来生动性，在许多热热闹闹的德育活动设计中孩子也的确获得了游戏般的快乐，但是，这一快乐未必是道德、人生与社会生活智慧的学习之乐。又如，在初中及小学，德育课程都是综合课程，但如果对综合课程与德育目标的关系不进行正确理解，一个可怕的结果必然是，孩子什么都学到了，就是没有学到本该学到的最重要的东西——"德"。如果这样，那些教材还能叫德育教材吗？比如，如果在小学、初中阶段，连最基本的道德行为规范及价值的学习都没有在德育课程中完成，试问我们的孩子应该在哪些专门的课程中得到这些对他们弥足珍贵的生活智慧呢？

## 2. 如何确保孩子在德育学习上学有所"得"？

如果没有忘却德育目标，则如何在落实德育课程目标上拿捏好分寸，又是一大难题。这一难点的突破需要努力处理好两个难点。一是生活化与德育目标之间的合理平衡，二是德育目标难易程度的合理设定。如前所述，德育课程目标不可以在生活化、综合化之类的理念之下迷失。但是实践也证明，德育课程目标的合理实现离不开教材内容与形式的生活化。问题的关键在于，如何在儿童生活、社会生活中找到基于生活而又有价值引导的教育素材。因为生活化与价值目标之间的平衡意味着失去任何一端都是灾难。关于德育目标难度的合理设定，在课程标准不变的条件下，教材编写要正确处理的就是教材内容剪裁的难度选择问题。依据心理学上认知难度与学习兴趣的规律，过难或过易的学习都无法带来学习的兴趣。目前许多德育教材的内容选择均存在"傻瓜化"的倾向。许多教材编者都认为自己的教材很生动，但这种难度过低的生动实际上是难以引发学生的学习兴趣的，这一点应当引起德育课程及教材建设当事各方的高度重视。

# 强化德育对象的主体地位

众所周知，现代德育与古代德育最重要、最本质的差异，就是教育是否承认德育对象的主体地位。但是德育对象主体地位的彰显并非轻而易举即可完成的。因为主体地位内涵的界定以及落实都离不开专业的指导和认真务实的努力。如何强化德育对象的主体地位？对于德育课程教材的编写来说，以下两大课题的解决十分重要。

## 1. 主体地位的内涵是公民意识的彰显

对于教材中学生主体地位的概念理解，一般都会指向如何确保儿童作为学习主体的自主性、主动性、积极性等方向。这样的解释十分正确，但落实起来并不容易。

怎样发挥儿童作为学习主体的自主性、主动性、积极性呢？首先需要选择能够引起儿童学习兴趣的德育内容，即德育回归生活，这是小学、初中德育教材选择综合课程形式的重要理由之一。但是仅仅如此并不全面、彻底。最重要的是在教材内容与形式选择的每一个环节都要渗透公民意识。这里所谓的公民意识，就是指区别于臣民身份、奴隶地位的自主身份意识。而德育课程中的学习主体地位就是德育活动的主人翁意识。比如《品德与生活》《品德与社会》中常常有"我爱我的家人""我爱我的家乡"之类的课题名称，笔者认为，不如将它们改为"我是家庭小主人""我是家乡建设者"等。原因在于后者不是单向度的爱亲人、爱家乡的问题，还强调了这样的教育理念：儿童从小就是主人，在家庭及社区享有应有的自由与权利，因而也对自己的家庭、社区负有主人的责任。从简单的个体品德培育走向包括社会伦理、家庭伦理、个体美德培育的统一，一直是德育课程建设应当追求的重要目标。

## 2. 主体地位的落实途径是教材互动性的形成

单向灌输，或者杜威一再批评的"静听式的教学"是对学习者主体地位的绝对否定。因此，德育课程要确保儿童作为学习主体的自主性、主动性、积极性，还需要加强教材的互动性。

问题是，教材只是静态的材料，如何使之有效建立与学习者之间的互动呢？最关键的在于要基于学习者的心理需求及活动规律去设计教材。这就要求教材编写者至少应当把握两个要点：一是建构好显性的互动。这主要表现为教材某些内容、活动的互动式设计，不但要设置互动的专门栏目或科目，而且要使这些专门科目足以让学生兴趣盎然、主动探究。二是设计好隐性的互动。很多人将教材的互动性片面地理解为某些互动活动的设计。实际上，好的教材应当首先是好的读物，应当在所有环节而非某些专门的环节中孤立处理教材互动性的落实问题。换言之，即便静态的文字描述、阐释，也应当考虑学生的学习兴趣和思维路径，如果没有教材整体的互动性，我们无法期待教材能够真正发挥德育过程对道德学习者主体性的实质性尊重。因为教育者主体性发挥的前提和最高检验标准，都只能是学习者主体性的发挥。

# 提升教材建设的专业品质

专业是品质的保障。这是一切实践活动的法则。中国德育实效长期不彰，主要原因之一是对德育专业性的认识严重不足。就目前中小学德育教材编撰的实际情况看，德育教材的专业性在整体上处于较低水平。何为教材的专业品质？如何确保德育教材的专业品质？重点在于以下三个方面。

## 1. 德育教材应该有"学科专业"品质

所谓"学科专业"是指教材内容涉及的本体学科知识与技能，如伦理学、政治学、心理学、哲学、法学、社会学等。假如没有伦理学的常识，我们在教材中就很难讲清楚"诚实""勇敢""公正""仁爱"等美德概念。比如，仅爱国主义教育，就涉及"社区—国家—世界"的关系，涉及批判性与建构性国家认同的平衡，涉及文化认同与政治认同的辩证关系等。如果编者对所要传授的专业知识本身知之寥寥、见识有限，则其所谓的德育就只能局限于一般经验性的呼吁，根本无法提供启迪青少年品德成长的精神营养。应该说，目前除少数团队之外，以中小学一线骨干教师及出版社编辑组成的大多数德育教材编写团队，在学科专业这一指标上仍然处于较低的水平。

## 2. 德育教材应该有"课程专业"品质

教材是课程实施的重要途径与工具。因此，对教材内容与形式的处理应该建立在课程理论常识的基础之上。比如，综合课程与经验课程以及以课题为中心的建构性学习息息相关，一个不理解综合课程的人实际上是难以胜任综合课程的教材编写任务的。在国家课程标准的研制过程中，就曾有将以前的分科课程如地理和历史的知识简单拼接，浓缩成一门伪综合课程"历史与社会"的荒谬案例。其根本原因是研发者根本不知道什么叫综合课程。又如，德育教材螺旋式编写就必须考虑不同学段同一德育范畴或者命题学习内容的合理分工问题；在高中存在选修模块的情况下，教材编写还应当考虑必修课程与选修课程之间的有机连接、相互支撑等问题。由于许多教材的编者缺乏对于相关课程理论的必要学习，其对相关问题的处理往往处于"大概齐"的经验状态。

## 3. 德育教材应该有"德育专业"品质

这里所谓的教材"德育专业"品质是一个狭义的概念，专指教材对品德心理发展阶段、德育原理基础知识的理解与掌握的程度。许多编者由于只有对于中小学生思想道德发展阶段及其特点的经验型想象，很难设计出难度适中、真正符合学生认识及情感发展实际的学习材料。由于一些编者缺乏对于德育基本理论、当代德育思想流派及其成果的起码了解，许多教材都处在"经验—经验"的简单循环之中，也就难以达到 21 世纪德育教材应有的专业水准。与此同时，虽然国内外德育专业知识日益发展，却只能在德育原理、品德心理学等专业的专家和研究生中封闭地"体内循环"。目前许多德育专业的博士生导师加入了编者队伍，甚至担任重要角色（如主编、副主编），但德育教材"德育专业"水平较低的现状却并未因此得到根本改观。这与一些教材编者"德育专业"的自觉或者精力投入水平均较低大抵呈正相关。

## 追求内容呈现的审美风格

说到底，德育课程、教材的根本任务都是要完成价值及规范的有效传授。但在当代社会，世界范围内价值与规范传授遭遇的最大挑战一定是逆反心理或者情感阻隔。可以说，虽然品德结构中认知、情感、行为各要素对整体人格发展都很重要，但情感才是价值学习最关键的要素。而突破情感阻隔、实现道德有效学习的关键在于德育内容与形式的审美化。孩子喜欢德育，则当然没有对德育的情感阻隔；唯有心向往之，才能培育真实的道德人格。因此，追求教材内容呈现的审美风格就成为德育教材成败的重中之重。而要实现教材审美化，就要特别注意处理好以下三个方面的课题。

## 1. 认真把握儿童的审美心理

儿童审美心理既有个体差异、文化差异，更有发展阶段的差异。一个具有审美风格、气质的教材，最重要的是从文化心理、发展心理的层面上考虑教育对象的审美心理实际。比如，中国儿童的审美意识一定与中国审美文化有天然的内在联系。又如，某一特定文化区域的儿童也一定对周遭的审美文化元素有着天然的亲近感。教材编写者应当在内容选择、美工设计等环节对儿童审美的文化心理实际有最充分的考虑。至于特定阶段儿童审美心理发展的特点，则应当是对德育教材编写更重要的实际。教材是否符合儿童在文学、美术等审美心理领域的发展实际，直接影响教材对于儿童的实际吸引力。教材研发应当将合适的儿童文学体裁、风格的选用作为最重要的任务之一。

## 2. 实现德育形式的审美化

所谓德育形式的审美化，是指技术上可以直接应用某些艺术手段以实现德育教材的审美化。主要表现在三个方面：一是教材的插图、装帧等美工设计环节，二是教材对适当文学体裁的应用，三是教材语言的审美化。除了第一项应当提出建议、交由专业美术人士处理之外，第二项、第三项都必须由教材编写者研究并完成。一些文学形式，如童谣、童话、寓言、传说、故事、小说、戏剧等，如果作适当处理，不仅能在德育实效上有所增进，还会在儿童整体修养的提升上发挥积极作用。至于语言风格，也应当循着"具体思维—形象思维—形式思维"这一思维发展的特点作相应的审美处理。目前的情况是,许多编者只知道教材应该漂亮,但如何漂亮却往往无从谈起。

## 3. 实现呈现内容的审美化

德育形式的审美化只是佐料的添加,德育内容的审美化才是德育教材的本体追求。换言之,如果说前者只是外在的审美点缀的话,后者才是教材研发应当完成的根本任务。但是很显然,"德育内容的审美化"乃更艰巨的任务。因为教材编者所要完成的,是要将德育内容简单、直接的呈现转变为美好的阅读文本,以促进儿童对于人生、道德智慧的欣然发现,人生、社会境界的审美欣赏。这就需要编写者对于所要传授的德育内容彻底、熟稔地把握,并且能够理性解释、智慧呈现所有价值、规范("合规律性")背后的"合目的性"。然而,由于前述学科专业、德育专业知识相对薄弱,德育内容的审美化处理水平处于最低状态。结果,不是教材变成了强制灌输的工具,就是教材仅仅披上了一件形似审美化的肤浅外衣,其实质仍然是简单、粗鄙的思想强制和道德规训。

民间有谚语:"看戏容易,唱戏难",说的就是批评容易、建构难的道理。毫无疑问,本文只是笔者从"看戏"的角度对诸多"唱戏"者的批评,许多地方难免失之偏激。

先贤早有"文章千古事"的古训,而教材却不仅是教材编写者个人的"千古事"。鉴于中国德育对象的规模,中国德育教材的编写就更是上亿人的"千古事"了。故纵然深知教材,尤其是德育教材编写有千般不易，但由于笔者的专业是德育原理，对于德育教材编写质量问题实在难以做到完全的超然。本文以笔者十多年来应邀参与国家课程标准制定，以及数套相关教材编写"参谋"所得经验、观察为基础撰就，言发由衷，不仅希望得到各位方家的指教，更希望对所有德育教材编写质量的提升有实际的裨益。

［本文曾以"德育教材编写应当恪守的四项基本原则"为题，发表于《课程·教材·教法》2014年第6期。本次出版时略有修改。］

# 奖其当奖，
# 罚其当罚

## 如何看待奖励与惩罚？

关于奖励与惩罚，我们至少应当从以下三个层面去认识。

一是奖励与惩罚是中性的教育手段。所谓中性，其本身无所谓好与坏，不能一概而论。就像好的奖励可以极大地鼓励孩子，坏的奖励会产生诸如捧杀、溺爱之类的效果一样，惩罚也可能具有很好的教育性，或者是像体罚那样产生不良的效果。奖励与惩罚的教育性实现与否，取决于教育工作者对于这一教育手段的具体运用是否符合教育科学和儿童发展的规律性。

二是奖励与惩罚是教师的专业权力。何谓专业权力？专业权力就是专业人士在自己的业务范围内不受外行干扰，独立自主地处置问题的权力。就像医生在一定的规范下可以自主决定应当如何处理病人的问题，旁人不宜指手画脚一样，教师也当然应当拥有如何独立、专业地处理学生问题的权力——比如奖励或惩罚。如果社会（包括行政部门、舆论等）非理性地强制或变相强制教师放弃这一权力，最终受害的还是学生甚至社会本身。

三是奖励与惩罚是教师的岗位责任。奖其当奖、罚其当罚是教师的权力，也是其专业和道德上的责任，在惩罚问题上尤其如此，而目前社会上对惩罚普遍存在错误、简单的认识。在学生需要当头棒喝的时候，教师明哲保身，放弃使用惩罚手段，实际上就是放任学生。这样做当然最简单、保险，但教师显然也放弃了自己的教育责任。放任学生与体罚一样，严重违背了教师的职业道德。

## 如何实施奖励与惩罚？

关于奖励与惩罚的实施，教育科学能够提供的建议很多。这里只提两个主要的方面，供大家参考。

首先，从宏观上看，奖励与惩罚的教育性的实现，应当考虑对奖励与惩罚的主体、客体和程序作出适当的规定。特定的奖励与惩罚应当由特定的教育主体（如教师、教师集体、校长等）去实施。只有合法的主体才能行使相应的奖励与惩罚权，超越权限的奖励与惩罚可能没有合法性。此外，奖励与惩罚的实施还应当遵循一定的原则，受到一定程序上的限制。漫无目的、毫无节制的奖励与惩罚肯定是非专业、不科学，因而可能是反教育的。

其次，是奖励与惩罚实施中应该注意的一些具体问题。这里可以将奖励与惩罚的应用作比较。

一般来说，在奖励实施过程中要注意的问题包括：（1）奖励的指向不仅是成功的结果，还是获得成就的过程，即过程中表现出的动机、态度、学习方式、意志力等。（2）奖励的频率和程度恰当。频率恰当指当奖则奖，不能无原则地滥用奖励，使之成为一种效应逐渐降低的手段。程度恰当是指奖励的级别应与成就的高低相当。过高和过低的奖励都会降低奖励的功效。（3）注意奖励的灵活运用。在奖励对象上，一些胆小和没有信心的学生特别需要鼓励，而对一些自尊心强、有骄躁表现的学生，过多的奖励反而对他们有害。所以，奖励既要有统一和公平的性质，又要有一定的灵活性。此外，奖励的形式也应当是多种多样的，从点头赞许到口头表扬到用特定形式（奖状、奖品、奖金等）进行的奖励，都应当恰当和灵活运用。（4）无论何种形式的奖励，本质上都应是精神上的鼓励。鼓励的外在象征可以是奖品或奖金，但在学校教育中，除了要慎用物质奖励的方式外，还要努力引导学生将奖励的象征意义而非象征形式看成第一位的。（5）奖励应当尽可能地面向全体学生，以形成集体道德舆论，获得学生群体的支持，从而收到教育全体学生的功效。

与此对应，教育性惩罚应当注意的问题包括：（1）惩罚的目的是教育，不能为惩罚而惩罚，更不能仅仅为了使学生痛苦而实施惩罚。必须让学生认识到问题所在，认识到惩罚实际寄寓的教师的爱心、善意与尊重。当学生已经认识到错误并决心不再犯时，应免于或者减轻处罚。（2）惩罚应当合情合理、公平、准确。要避免主观、武断和随意的惩罚。（3）惩罚的灵活性。不能刻板地使用惩罚手段。这一是指惩罚的形式应当多样化，二是指使用惩罚应该因对象而异。比如对于感受性较强、自信心不足的学生，应少用或减轻惩罚的强度，反之，则应当加大惩罚的力度。（4）惩罚与对学生的尊重相结合。一方面，惩罚强度必须足以警醒学生；另一方面，惩罚又必须避免伤害学生的自尊，避免对其造成精神或身体上的伤害。此外，惩罚的实施还应有时机意识，注意场合与火候。（5）适合公开处罚的应当充分发扬民主，争取学生群体的道德支持，也扩大惩罚的教育面。

总而言之，奖励与惩罚都可能产生教育意义，但这一教育意义的实现必然需要一定的条件。许多对于奖励与惩罚似是而非的肯定或否定，都是因为缺乏对奖励与惩罚的性质与复杂性的理性分析，教育工作者应当对此保持高度警觉。

［本文曾经以"奖其当奖，罚其当罚"为题，发表于《人民教育》2005 年第 12 期。本次出版时略有修改。］

# 实现惩罚的
## 教育意义

　　近代以来，由于教育民主化进程的加快以及许多教育思想家的呼吁，体罚等教育方式、方法已经成为过街老鼠。但是，人们在批判体罚的过程中也存在一些抽象的人道主义的错误认识，那就是因为对不当惩罚的过激反应而完全否定了惩罚的教育意义。在目前中国正在开展的素质教育运动中，这一问题也日益突出，已经出现了许多认识上的混乱和实践上的偏颇，亟须进行理论上的清理，从而使我们对惩罚这一教育手段或方法有比较理性、全面的认识。

## 惩罚的教育意义

　　关于惩罚具有教育意义的可能性，我认为至少可以从以下几个方面予以说明。

## 1. 教育史和教育思想史的证明

许多教育理论和实践工作者都对惩罚的教育意义有清醒和明确的认识。

在中国古代教育思想，尤其是禅宗的教育思想中，"当头棒喝"对人的警醒教育作用曾经得到过特别的强调。在西方，夸美纽斯曾经在他的《大教学论》中专章论述过纪律问题。他一方面不希望"学校充满呼号与鞭挞的声音"，但是另一方面又明确指出："我们可以从一个无可争辩的命题开始，就是犯了过错的人应该受到惩罚。他们之所以应受惩罚，不是由于他们犯了过错（因为做了的事情不能变成没有做），而是要使他们日后不再犯。"① 杜威是以主张尊重儿童而著称的现代教育思想的代表人物，但是他仍然认为："儿童是一个人，他必须或者像一个整体统一的人那样过他的生活，或者忍受失败和引起摩擦。""儿童必须接受有关领导能力的教育，也必须接受有关服从的教育。"② 苏联著名的教育学家马卡连柯也指出："合理的惩罚制度不仅是合法的，而且是必要的。这种合理的惩罚制度有助于形成学生的坚强性格，能培养学生的责任感，能锻炼学生的意志和人的尊严感，能培养学生抵抗引诱和战胜引诱的能力。"③ 马卡连柯不仅将惩罚与学生的尊严感联系起来论述这一命题，而且在实践中也成功地实现了惩罚与

① [捷] 夸美纽斯.大教学论 [M].傅任敢，译.北京：教育科学出版社，1999：198.
② 赵祥麟，王承绪.杜威教育论著选 [M].上海：华东师范大学出版社，1981：99，101.
③ [苏] 巴班斯基.教育学 [M].李子卓，杜殿坤，吴文侃，等译.北京：人民教育出版社，1986：393.

尊重的统一。美国德克萨斯大学教育学院的鲍里奇博士在他的《有效教学方法》一书中，在强调"惩罚不能确保理想反应"的同时，指出：我们可以"用惩罚来减少某一行为发生的可能性或倾向性""为了让丹尼呆在座位上，有两种选择——或惩罚他做额外作业，或奖励他从事某项兴趣盎然的活动"①。鲍里奇还在该书中列举了20种针对轻微、中等和严重的违规行为的反应（主要是惩罚）方式。②

因此，从教育史及教育思想史的角度看，惩罚作为一种教育手段或方法是可能具有正面意义的。不宜简单地、绝对地将惩罚与教育上的不民主、灌输、对学生的摧残等画上等号。

## 2. 文化与法制的解释

对教育中惩罚现象的解释有一定的文化性。在传统文化，尤其是在中国等东方文化中，教师常常被认为"只是执行父母的权力而已"，在执行惩罚的时候只需注意"纪律应当免去人身的因素，如同愤怒或憎恶，而应怀抱如此坦白、诚恳的目标去执行，使学生也知道是为了对他们有好处"③就可以了。在这种文化形态中，教师对学生实施的惩罚往往并不被作负面的解释，相反，合理的惩罚往往会被解

---

① [美] 加里·D·鲍里奇.有效教学方法 [M].易东平，译.南京：江苏教育出版社，2002：341.
② 同①：337。
③ [美] 夸美纽斯.大教学论 [M].傅任敢，译.北京：教育科学出版社，1999：198.

释为教师对学生的善意、爱和尊重。[①] 因此，惩罚可能产生的负面影响也可以降到很低的程度。如果我们心平气和地审视整个人类的历史和我们自己的文化特点，注意极端个人主义价值取向的局限性，不以现代、西方价值观为唯一评判标准的话，对惩罚的教育性的认可可能会容易得多。

法律上常常对体罚等教育行为作出禁止的规定。联合国《儿童权利公约》（1989）第 28 条第 2 款规定，学校执行纪律的方式应当符合儿童的尊严；第 38 条则指出，应当确保儿童"不受酷刑或其他形式的残害、不受不人道或有辱人格的待遇或处罚"。《中华人民共和国未成年人保护法》（1992）第 15 条规定："学校、幼儿园的教职员应当尊重未成年人的人格尊严，不得对未成年学生和儿童实施体罚、变相体罚或者其他侮辱人格尊严的行为。"第 48 条规定："学校、幼儿园、托儿所的教职员对未成年学生和儿童实施体罚或者变相体罚情节严重的，由其所在单位或者上级机关给予行政处分。"《中华人民共和国教师法》（1993）第 8 条第 4、5 款也分别规定："关心、爱护全体学生，尊重学生的人格，促进学生在品德、智力、体质等方面全面发展。""制止有害于学生的行为或者其他侵犯学生合法权益的行为，批评和抵制有害于学生健康成长的现象。"第 37 条则规定："体罚学生，经教育不改的"应当"由学校、其他教育机构或者教育行政部门给予行政处分或者解聘"，"情节严重，构成犯罪的，依法追究刑事责任"。

---

① 我的父亲送我上学的第一天就曾经郑重地对我的老师说过："调皮就替我好好打他！打他就是为他好，打他就是瞧得起我！"类似的经验一直延续到 2003 年的 9 月。我的一位研究生家长对我说了一段几乎同样的话——而他是一位现代高级知识分子。

但是，这些规定都没有对（体罚等）不当处罚以外的教育性惩罚作出禁止的规定，且不难看出，"尊重未成年人的人格尊严""关心、爱护全体学生，尊重学生的人格，促进学生在品德、智力、体质等方面全面发展"等，与"不得对未成年学生和儿童实施体罚、变相体罚或者其他侮辱人格尊严的行为"等并不构成完全等同的关系。相反，惩戒在许多国家的法律中被认为是教师从事正常教育教学活动的专业权力之一。而"简单借口保护学生的合法权益而在理论上断然否决教师惩戒权力的存在，只能是自欺欺人，根本解决不了现存教育惩戒随意使用的问题"[①]。

所以，就像不久前北京等地对学校事故责任认定作出具体规定，以立法形式保护学校进行正常教育活动一样，我们同样需要在法制上对合理的惩戒权的行使加以保护——这不仅是为了保护教育者，而且首先是为了保护受教育者，使之获得接受正常教育的权利。

## 3. 逻辑与伦理的说明

首先是逻辑上的证明。

第一，没有惩罚就没有奖励。教育中所谓的"奖励"包括一般的赞许、表扬，也包括专门形式（狭义的）的奖励；"惩罚"同样既包括一般的批评，又包括较严重的处分，等等。其实，奖励与惩罚是一

---

[①] 王辉.中小学教师惩戒权［M］//劳凯声.变革社会中的教育权与受教育权：教育法学基本问题研究.北京：教育科学出版社，2003：388.

个问题的两个方面——我们用奖励来增加某一行为的发生频率，用惩罚来减少某一行为发生的可能性和倾向性。从心理意义上说，惩罚、奖励就像磁铁的两极一样无法完全剥离。举例来说，当我们仅仅口头表扬了三个孩子中的一个时，在心理上其实已经对其余两个造成了实际上的压力（或惩罚）——对一个孩子的表扬暗示了另外两个孩子在某件事上做得不够好，这就等于同时批评了他们。所以结论只能是：没有惩罚就没有奖励，反之亦然。

第二，奖励和惩罚一样，并不必然具有教育性。奖励并不绝对是积极的教育方法，也可能导致负面的教育效果，比如骄傲、溺爱和造成不公正，等等。因此，奖励是一门需要认真对待的教育艺术，只有加以限定才可能成为有益的教育手段。而惩罚同样如此。

其次，从教育伦理上说，惩罚不一定意味着不尊重，而不惩罚也不一定意味着尊重。

前者可以在苏联教育家马卡连柯的论述和教育实践中得到很好的说明。马卡连柯指出："如果没有要求，那就不可能有教育。""我的基本原则永远是尽可能多地要求一个人，也要尽可能多地尊重一个人。""对我们所不尊重的人，我们不能提出更多的要求。当我们对一个人提出很多要求的时候，在这种要求里也就包含着我们对这个人的尊重。"① 这就是所谓的"尊重和要求相结合"的原则。由于这一原则的存在，即使采取十分严厉的惩罚措施——禁闭的时候，由于制度

---

① 全国比较教育史研究会，全国教育史研究会. 马卡连柯教育思想研究论文集［C］. 北京：北京师范大学出版社，1988：140、132、138.

上禁闭只对那些可以提出更高要求的学生（限于捷尔任斯基公社社员，不针对普通学生）实施，即使是受处罚的学生也非常容易理解这一惩罚所体现的尊重和教育意义。[①]

同样，后者也可以得到很好的证明。除了"对我们所不尊重的人，我们不能提出更多的要求"这样的证明之外，最主要的理由在于：如果没有教育性的惩戒以制止某些错误的行为，学生在许多事情上将只能通过成本更大的自然惩罚去学习。此外，如果没有适当的惩罚，关系到每一个学生健康发展的切身利益的教育秩序将难以有效维系。所以，"凡是需要惩罚的地方，教师就没有权利不惩罚。在必须惩罚的情况下，惩罚不仅是一种权利，而且是一种义务"[②]。故从专业伦理的角度看，无条件回避使用惩戒权不仅不会更道德，反倒可能是一种有违师德的教育渎职行为。


## 惩罚之教育意义的实现


### 1. 正确认识惩罚的教育意义

正确认识惩罚的教育意义对于这一意义的实现非常重要。在讨论

① 王天一，夏之莲，朱美玉.外国教育史（下）[M].北京：北京师范大学出版社，1985：413.
②［苏］马卡连柯.论共产主义教育[M].刘长松，杨慕之，译.北京：人民教育出版社，1981：280.

惩罚的教育意义时，一个需要解决的思想症结是人们往往将惩罚之教育意义的认可与教育的现代性对立起来。人们往往会认为惩罚属于传统的教育观念、惩罚不够人道，等等。

在现代社会，虽然体罚等不当惩罚被普遍禁止，人们在价值取向上也更倾向于否定惩罚的教育应用，但惩罚其实也可以是尊重学生的表现，可以有利于学生的全面健康发展，它可能比那种无条件放任学生的抽象人道主义更加"人道"。而且，即使在欧美诸国的教育实践中，也大量存在不同形式的惩罚。所以，现代教育观只能意味着对惩罚实施的限制、规定，而并未完全否定惩罚存在的必要性。

另外一个需要正确认识的问题是惩罚和惩罚形式的关系。惩罚的形式多种多样，就其结果来说可以划分为教育性惩罚和非教育性、反教育性惩罚（如体罚）等；而就教育惩罚的形式来说，人们在教育实践中常常使用的惩罚形式往往包括语言责备、隔离措施、剥夺某种权利、没收、留校、警告、处分、停学和开除，等等。教育惩罚实施中出现的诸多问题，原因往往是惩罚的不当使用，而不是惩罚本身。如果因为某一种惩罚（如体罚）形式有问题而全盘否定所有形式的惩罚，显然是以偏概全、因噎废食的不理智做法。

马卡连柯说得好："正确地和有目的地应用惩罚是非常重要的。优秀的教师利用惩罚的制度可以做很多的事情，但是笨拙地、不合理地、机械地运用惩罚会使我们的一切工作受到损失。"[①] 将惩罚与惩罚

---

① [苏] 马卡连柯.论共产主义教育 [M].刘长松，杨慕之，译.北京：人民教育出版社，1981：170.

的特定形式以及惩罚实施中的问题混为一谈，都是错误的。

## 2. 正确实现惩罚的教育性

惩罚作为一种传统的教育手段，在教育活动中已经使人们产生了矛盾的心态。一方面，体罚等惩罚方式被广泛否定和禁止，因为它们不符合现代教育尊重学生的民主精神。而另一方面，许多教育理论和实践工作者又认识到了惩罚的教育性。所以，正如奖励并不必然具有教育性的方法一样，惩罚也并不必然与教育性无缘。问题的关键在于如何使用惩罚。

正确运用惩罚应当注意的基本问题有两个方面。（略。参看本书《奖其当奖　罚其当罚》一文。）

需要特别指出的是，惩罚虽然是一个微观的教育问题，但又是一个教育生活的日常课题，有关惩罚的理解事关教育的健康发展。衷心希望本文的分析对这一问题的澄清有所裨益。

［本文曾以"论惩罚的教育意义及其实现"为题，发表于《中国教育学刊》2004 年第 2 期，《新教育》内刊 2003 年第 5—6 期。本次出版时略有删改。］

# 应当从根本上
# 杜绝体罚

近日，不断有媒体揭露一些学校中存在的严重体罚学生并造成不良后果的恶性事件。体罚学生有违教育道德和教育法规，但许多人并不清楚我国已有的师德规范和教育法规中有哪些禁止体罚学生的规定。现将有关资料呈现如下。

## 师德规范方面

原国家教委全国教育工会 1997 年重新颁布的《中小学教师职业道德规范》中第一条规定，教师应当"依法执教"，"自觉遵守《教师法》等法律法规，在教育教学中同党和国家的方针政策保持一致"。第三条则明确规定教师应当"热爱学生"，具体说就是要"关心爱护全体学生，尊重学生的人格，平等、公正对待学生。对学生严格要求，耐心教导，不讽刺、挖苦、歧视学生，不体罚或变相体罚学生，保护学生合法权益，促进学生全面、主动、健康发展"。

## 教育法规方面

（1）《中华人民共和国教育法》（1995）第 42 条第 4 款规定：受教育者有权"对学校、教师侵犯其人身权、财产权等合法权益，提出申诉或者依法提起诉讼"。

（2）《中华人民共和国义务教育法》（1986）第 16 条规定"禁止体罚学生"。第 3 款规定，对违反这一规定的，可以"根据不同情况，分别给予行政处分，行政处罚；造成损失的，责令赔偿损失；情节严重构成犯罪的，依法追究刑事责任"。

（3）《中华人民共和国教师法》（1993）第 8 条第 4、5 款分别规定："关心、爱护全体学生，尊重学生人格，促进学生在品德、智力、体质等方面全面发展。""制止有害于学生的行为或者其他侵犯学生合法权益的行为，批评和抵制有害于学生健康成长的现象。"第 37 条则规定："体罚学生，经教育不改的"应当"由所在学校、其他教育机构或者教育行政部门给予行政处分或者解聘""情节严重，构成犯罪的，依法追究刑事责任"。

（4）《中华人民共和国未成年人保护法》（2012）第 5 条规定："保护未成年人的工作，应当遵循下列原则：（一）尊重未成年人的人格尊严；（二）适应未成年人身心发展的规律和特点；（三）教育与保护相结合。"第 18、21 条分别规定："学校应当尊重未成年学生受教育的权利，关心、爱护学生，对品行有缺点、学习有困难的学生，应当耐心教育、帮助，不得歧视，不得违反法律和国家规定开除未成年学生。""学校、幼儿园，托儿所的教职员工应当尊重未成年人的人格尊严，不得对未成年人实施体罚、变相体罚或者其他侮辱人格尊严的行为。"第6条规定："对侵犯未成年人合法权益的行为，任何组织和个人都有权予以劝阻、制止或者向有关部门提出检举或者控告。""国家、社会、学校和家庭应当教育和帮助未成年人维护自己的合法权益，增强自我保护的意识和能力，增强社会责任感。"第63条规定："学校、幼儿园、托儿所教职员工对未成年人实施体罚、变相体罚或者其他侮辱人格行为的，由其所在单位或者上级机关责令改正；情节严重者，依法给予处分。"

（5）《中华人民共和国预防未成年人犯罪法》（1999）第23条也明确规定："学校对有不良行为的未成年人应当加强教育、管理，不得歧视。"

有许多人关心，如何从根本上杜绝上述现象。我认为，应当采取的主要措施只能是两条：一是加强师德建设，二是强化教育法制。师德建设方面，在教师的职前培养和继续教育过程中都应当加强有关师德培养的力度，在日常学校教育管理中也应当常抓不懈，以增强广大教师的师德观念。目前的师范教育课程中，一般没有专门的师德教育课程，今后应当有所考虑。教育法制建设方面，工作的重心应当放在普法、执法环节上。教师、学校不仅应当依法执教，维护学生的尊严和其他合法权益，而且应当带头抵制、制止体罚学生的不良现象，依法同这类现象作坚决的斗争。同时，还应当帮助学生认识自己的权利，让学生成为运用法律武器维护自身合法权益的重要力量。

# 品德评价的
# 困难与突破

在教育与心理测评里，品德评价是最重要，也是最具有挑战性的。当然，品德评价也是在重重阴霾和荆棘中不断前进的。对品德评价发展的历史进程的反思可以让我们在品德测评的研究与实践中走得更远。从历史的角度来看，品德评价的发展可分为三个阶段：经验评价、科学评价以及对科学评价的批判阶段。本文希望能从对历史的简要回顾中反思品德评价发展的未来。

品德的经验评价阶段或者模式我们都比较熟悉。过去我们给学生品德分，就像数学老师给数学成绩一样。这种品德评价一直延续到今天，仍然是德育中最主要的形式，包括课业评价和操行评价两种。课业评价针对的是那些直接德育课程。课程结束以后，老师要给学生打分，这个分数在某种意义上也是构成道德评价的一种形式。另外一个是操行评价。到目前为止，操行评价仍然是最重要的一种形式。它更多的是由班主任去执行，每隔一段时间给学生写一段评语，然后存入档案。在一些国家也有可能是校长给出评价，然后作为升学的依据。这两种品德的经验评价形式简单易行，但也有问题。问题之一，就课业评价和品德评价的关系来讲，二者的相关度极低。20 世纪 80 年代，中国就有人作过关于高考成绩与品德发展的相关性的研究，他们得出的结论是相关度为零。也就是说，在高考中能够准确回答某个品德的概念，不意味着一定拥有该项品德。所以，课业成绩与品德发展的相关度极低的关系使我们的经验评价，尤其是课业评价，成为实际上不太可靠的评价方式。还有一个问题就是测量的科学性。班主任常常是一学期下来拍拍脑瓜就给学生下一个评语。这个评语虽有参考价值，但在集体教学的情况下（一个老师要面对几十个学生，校长甚至要面对成百上千个学生），这种操行评价常常是不可靠的。

仔细想一想，在品德领域，真正能够做测量的可能只有道德认知和道德行为两个方面，其他方面都没有办法去直接测评。虽然道德认知也是品德的一部分，行为也能反映人的品德的某些信息，但是它们都不十分可靠。我们都知道，品德这个概念很奇怪，虽然我们可以将它分析为知、情、意、行之类的要素，但是这几个要素相加却不一定是人的品德。为什么呢？因为认知清楚了以后不一定能转换为品德。一个人外观行为百分之百地做某件事情，也不一定能够证明他就具备这方面的品德。在别的领域里面，由于不涉及外部行动和内部动机的关系，也不涉及认知行为和行为之间的关系，测量起来相对简单。可是在品德测评上，即使把全部要素都搞清楚了，各项测评的结果之和也不一定等于品德本身。这些在事实上构成了对我们品德测评科学性最大的前提性挑战。所以，一方面课业评价和操行评价对评价学生的品德发展有一定的帮助，但另外一方面，经验评价的这两种方式又是非常不可靠的。比如操行评价，只知道这个同学在教室里有热爱劳动的表现可能不准确，因为事实上这可能是一个假象。在班级里，他是以学生的身份角色做这件事情。可是回到家以后，他可能连自己的房间都不打扫，被子也不叠。那你能够证明这个人一定就是爱劳动的吗？所以经验评价从这个角度看的确是有些问题的。

过去我们试图用科学评价的方式来解决以上问题。科学评价应该分为两类，一类是道德认知发展的测评，最成熟的就是科尔伯格的认知发展评价。他的评价后来被不断地丰富——瑞斯特从情感和情境的角度加以丰富，路希等人补充了社会文化方面的考虑，等等。但是整体上讲，到目前为止，在认知方面最成熟的、最被大家认可的就是科尔伯格的认知发展评价，即三个水平、六个阶段。还有一类，是形形色色的其他评价，已经有很多测评的量表。但无论哪种评价，都是实证主义兴起以后心理科学和教育科学发展的产物。这些看起来比较科学的形式，也的确比以前那种经验的"拍脑瓜"形式要科学得多。教育学家们常常十分为难：如果现在要去作品德评价，好多东西不可靠；可老是不做，什么时候能有更可靠的工具呢？

品德测评发展到科学测评以后有很大的进步，但是从兴起到现在一直是有不同的意见的。最著名的两个意见，一个是20世纪30年代哈桑和梅的发现，另外一个是20世纪90年代利文森和贝克的发现。前者比较经典。哈桑和梅通过对诚实、作弊问题的实证调查发现，一个人诚实不诚实，作弊不作弊，更多的不是一个稳定的道德品质，而是一个条件性的东西。品德的很多问题的确可能不是稳定的，你在某些情况下测评出的东西在另外一种情况下不一定出现。这个发现导致了德育的一个非常大的变化。因为进一步推断的结论就是对学生进行直接的道德教育不一定有效。十到二十年之后，美国开始走上基本废除道德教育课程的道路，然后走上了相对主义德育的道路。以上发现对品德心理测量走纯实证的道路实际上是一个警醒。后者，即利文森和贝克的发现，我们将其概括为反年龄歧视理论。利文森是美国心理学家，贝克是加拿大教育学家。利文森有个比方，品德发展的阶段相当于人类发展的四季，我们没办法肯定地讲冬季一定比秋季好，也没办法讲春季一定比冬季好。季节各有优点，也各有缺点，比如说冬季冷，可是寒冷会杀死细菌；春天暖，可是春天有利于细菌生长。所以，他觉得品德发展的每个年龄段都有优点和缺点，不一定像科尔伯格设计的，是从低级到高级逐级往上的过程。如果非要这样假设的话，就可能导致品德评价上的年龄歧视。因为如果品德是一个阶段一个水平往上长的话，一个可能的结论就是：成年人的品德会普遍比少年儿童的品德高。利文森有一句非常经典的话，你可能说某些成人比某些儿童的道德品质高，但不能说所有的成人比所有的儿童道德水平高。当然，人的道德逻辑思维水平在不断提高，但是道德直觉和同情心却未必如此。贝克则认为，每个年龄阶段品德发展不同，但未必一定意味着增长。不同的年龄段为什么会有不同的表现呢？他有一个比方：一个农村社区的人走到城市社区，他面对的社会情境、矛盾不同了，所以道德行为表现也有调整或差异。这种行为差异无法直接推出他的道德发展不发展。比如，一个农民在旷野中没有厕所的情况下随地大小便、随地吐痰是可以的，可是他到城市社区以后，有地毯的地方，有大理石的地方，你让他随地吐痰他也不会。实际上，年龄增长所带来的一些变化不过是年龄增长以后，个体面临的道德情境变化了，所以个体必须修正自己的行为去适应变化了的环境。这些变化是类型的变化，而不一定是阶段的变化、水平的变化。反年龄歧视理论是对所谓品德科学测评的一种挑战。这些批判对于我们今天去思考品德发展评价和整个德育是有帮助的。我们需要更多地去考虑品德测评的复杂性，再去认真地考虑今后的测评工作和全部的德育如何关注学生的品德增长。

中国教育最近的发展，虽不是自觉的理论上的回应，但大体上是冲着品德评价的改造这一方向去的。比如多元主体评价、形成性评价。新课改以来，很多老师都知道了这两个概念，它们对品德测评非常重要。首先我们看多元主体评价。一般来讲，我们觉得某些测评不可靠，是因为对某一个单独的主体，在某一个单独的情境里所测量的，确实有不可靠的问题。可是，如果我们进行多元评价，比如说有学生的自评，有学生相互交叉评价，再加上教师的评价，可能会更客观。另外，过去评价就是评价，现在最主要的努力之一则是让这个评价成为一种活的力量、成为教育学生的东西。所以形成性评价也是一个非常重要的概念，把过去的终结性评价变成阶段性、形成性的评价，不断推动学生的成长，是非常重要的一个进步。因此，虽然多元主体评价和形成性评价这些概念本身有时不是直接针对德育的，但是，将这些概念引到德育中来，应该会对德育品德评价和整个德育的发展具有非常重要的帮助。

总之，由于品德评价的复杂性，我们可以有理由对品德评价有更多的警惕；但另一方面，由于教育理论与实践方面的努力，我们又有理由对品德评价发展的未来抱有更多的信心。历史经验告诫我们，未来品德评价的发展有两个方向是我们必须坚持的，一个是科学化，一个是多元化。多元化本身可以修正实证意义上的科学化的不足，但是它不一定是要否定实证意义的科学化。在测评的时候，我们需要考虑采取多种方法对学生进行品德评价，使之更具科学性。此外，教育评价本身不是教育的终结，而应该是教育的一个环节。评价应该要求受教育者的参与，评价本身应该成为推动全部德育和全部教育的东西。我们可以也应该对德育品德评价的未来发展有非常深切的期待。我相信，不管我们的天空有多少阴霾，离终极目标有多远，只要我们努力做了，天空总有一天真的会晴朗起来，而且我看已经开始放晴了！

[本文曾以"品德评价的否定之否定"为题，发表于《教育测量与评价（理论版）》2009 年第 2 期。本次出版时略有修改。]

第三辑

# 大时代的
### 德育

# 于无声处
# 听惊雷

"道德八书——最为紧迫的道德呼唤"系列诞生最重要的因缘，也许应当从对安全概念的理解谈起。

一个国家或者社会的安全有许多维度，如国防意义上的军事安全、民生方面的经济安全以及精神意义上的文化安全，等等。黑格尔说，一个失去伦理实体的民族就不是一个具有现实性的民族。也就是说，一个没有精神内核的民族实质上处于名存实亡的状态。在和平年代，国歌里那句"中华民族到了最危险的时候"的确切意涵应是：以社会道德危机为核心的文化安全问题可能是当代中国诸种国家安全课题中最核心、最根本、最紧迫的。

## 文化安全的两个维度

文化安全有外部、内部两个最主要的维度。

所谓外部维度的文化安全，主要是针对他文化对于本民族文化可能构成的威胁而言。在全球化的时代，坚守民族的文化特性、反对文化殖民已经成为世界各国大众，尤其是读书人共同呼吁与行动的最重大的主题。许多去过法国的旅行者都发现，高傲的法国人即便会说英语，也坚持用他们自诩的"世界上最优美的语言"——法语和说英语的游客交流。一些人斥之为"狭隘"，但是这种貌似"狭隘"的行为背后有许多法国人自觉抵制英语文化入侵或殖民的民族主体意识的存在。具体做法虽可商榷，但高傲背后的高贵却值得全世界尊敬与效仿。

内部维度的文化安全，主要是指文化实体因自我腐败可能导致的自杀型生存危机。有人说古罗马文明不是毁于强敌入侵，而是腐烂于温暖的澡堂。罗马因骄奢淫逸而亡国，就是内部文化安全丧失的典型例证。改革开放三十多年来，中国经济迅速崛起，一跃成为世界上最大的经济体之一，创造了许多令世人称羡的"增长"。但是，中国社会有增长无发展的现象也是十分明显的。GDP 的增长并没有带来本该与之相伴相生的人民生活幸福指数的增长：物质生活方面，人们忽然发现在琳琅满目的商场里，食品、药品甚至比以前更不安全；精神生活方面，人们发现亲情、友情、爱情、责任都变得稀缺，有时甚至连对最基本的人道底线的坚守都成为十分困难的事情。近年来"小悦悦""彭宇案"等事件反复出现所导致的礼仪之邦的空前尴尬就是明证。

相对来说，自杀型的文化安全危机更让人羞愧难当。

试问：一个烂透了的苹果，还叫苹果吗？同理，一个"穷得起却富不起"的人，算是真正有教养的人吗？如果我们任由道德的腐败横行无忌，那么一个伦理尽失的东方社会还能配得上"礼仪之邦"的称号吗？如果中国文化已经腐烂，那么在一个价值观上群雄并起的全球化时代，中华民族何以真正自立于世界民族之林？

我们道德文化的自我救赎之道在哪里？

## 道德重建的细微策略

就像文化安全是国家安全的核心一样，道德文化的重建不仅是在精神上"收拾旧山河"的核心任务，也是推进社会精神文明建设、提升个体幸福生活能力的不二法门。与此同时，文化安全只是加强道德文化建设的一个防御性的理由，更为积极的思考应当是：中国社会如何积极建构自己的软实力，成为在精神生活品味上同样令世人称羡的美好国度？这正是近年来从民间社会到中央政府一致支持社会主义精神文明建设的根本原因。

道德文化的进步需要以物质文明、制度文化的发展为基础，当然也需要许多宏观的社会建设策略。不过核心价值观、道德文化等最终仍是民间的事情——就像人体需要靠毛细血管才能最终完成血液循环一样。因此，道德文化重建下的最基础的功夫在于公民日常生活的改造。有精神生活质量的幸福生活能力的建设，或者幸福生活能力本身，在文化的毛细血管这一维度就表现为精神对话的形成和完成，而有质量的阅读就是其中最重要的功课。我们或许可以这样说：有质量的阅读生活乃是道德重建最重要的细微策略之一。

2011 年底，耄耋之年的哲学家、关怀理论大师内尔·诺丁斯教授在北京解释她对幸福生活的理解时曾经说：幸福生活就是事业顺遂、良好的人际关系、有空闲时间看自己喜爱的书，以及在海滩上散步看日出与日落……

"有空闲时间看自己喜爱的书"成为构成个体幸福生活的主要要素之一，曾经让在场的许多人动容。但这一幸福生活命题的完成，需要两个基本条件：第一，要"有空闲时间"。所谓"有空闲时间"，不仅指你有没有绝对的闲暇时间，而且指你有没有过"慢生活"的心态与自由阅读的精神条件。如果一直为了"在宝马车里哭"[①] 而忙忙碌碌，你就可能永远都没有"空闲时间"去过那种奢侈的阅读生活。第二，有值得你"喜爱"的书——那一定是一片能够让你超越充满欲望与幻灭的浮华市井生活的高贵的精神休憩之地，在那里，你能够与高贵相遇，从而获得一个健康的正常人应该有的精神上的充盈与安逸。我认为诺丁斯所强调的阅读是一种高贵、高尚的阅读。

福建教育出版社精心策划、组织出版的"道德八书——最为紧迫的道德呼唤"系列就是为了服务上述高尚阅读所作出的一次重要的、自觉的文化努力。作者们采取了感性、具象的论述方式，方便我们认真思考和回应诸如心存敬畏、拷问良知、恪尽责任、坚守诚信、讲究公德、伸张正义、学会关怀、体悟幸福等最为紧迫的时代呼唤，更可以在这一美好的精神之旅、对话之旅中获得灵魂的休憩，让我们

---

① 语出"我宁愿坐在宝马车里哭，也不愿坐在自行车上笑"一句，原系 2011 年热门电视节目《非诚勿扰》中嘉宾马诺的名言，曾经引起坊间深入不断的讨论。

能够面朝大海、春暖花开，做一个诺丁斯所定义的幸福的人。

于无声处听惊雷。最宏大的社会进步实在需要从最细微的日常生活改造开始。

愿"道德八书——最为紧迫的道德呼唤"系列能够与最多的读者结伴同行！

［本文曾以"道德重建是中国梦的根基"为题，发表于《中国教育报》2013 年 5 月 20 日第 11 版。本次出版时略有删改。］

# 道德建设
## 期待专业、高效

　　**记者（以下简称"记"）：**如何看待山东以新"三字经"的形式宣传道德建设？能否取得好的效果？

　　**檀传宝（以下简称"檀"）：**全国各地类似山东新"三字经"的形式很多。借鉴古代成熟的教育与传播方式可能是中国当代道德建设的重要策略之一。但是学习者需要更谦虚、更专业、更有创造性。山东这个新"三字经"的表述比较粗糙，效果还有待观察。

　　**记：**在拜金主义喧嚣尘上的情况下，我国的公民道德建设的动力在哪里？我们的信心来自哪里？

　　**檀：**我国的公民道德建设的动力在于物质文明、制度文明进步对于精神文明的推动以及新的历史时期中国人精神需求的不断提升。我们的信心来自中国是一个有良好道德文化传统的国家，礼仪之邦的历史为我们今天的道德建设提供了可资借鉴的丰富、宝贵的文化资源；而目前国家经济、社会发展水平的不断提高也为精神文明建设提供了良好的基础。

　　**记：**现代中国社会的公民道德现状如何？

檀：目前我们"公民的道德"处于复杂状态，"公民道德"则几近荒芜。所谓"公民的道德"等于道德，指的是公民的所有道德。由于社会及道德本身都在转型之中，所以局面复杂，一些指标好一些，一些指标差一点。而"公民道德"指的是作为公民参与公共生活所需要的道德素养。我国国民的表现问题较多：许多人是专制兼顺从的臣民而非公民，缺乏道德的主体性、批判性、创造性；许多人奉行"哪管他人瓦上霜"的小农哲学，属于古代农民人格，完全不参与公共生活。因此，国家领导人曾呼吁要大力加强公民意识的培育。

记：在您看来，现代社会公民道德有何特点？

檀：现代社会公民道德有很多特点，我个人体会，主要的特征也可以说是趋势，有两个方面：一个是以人为本或者以人为目的的对道德个体、主体予以最充分尊重的民主特征十分明显，另一个就是道德文化的多元与宽容的特征——由于全球化步伐迅速加快，道德规范系统的交互影响越来越明显，道德理解、宽容的水平只能越来越高。

记：我们这样一个转型社会，公民道德建设有哪些优势、哪些劣势？难点在哪里？

檀：中国曾经是礼仪之邦，文化五千年延绵不绝，道德建设能够得到全社会的支持，这是我们最大的优势。但是，中国农业文明及封建专制制度持续的时间很长，"人的现代化"任务十分艰巨。

记：公民道德建设最该关注的问题有哪些？

檀：目前，中国道德建设尤其是道德教育主要需要关注两类问题：一是道德教育的内容上要抓住比较重要的道德主题，如公民人格、职业道德等；二是道德建设的形式上要尊重规律性或专业性。现代社会道德建设不仅要注意尊重伦理学的规律，而且要更多尊重教育学、心理学的规律。像新"三字经"之类的尝试，还必须尊重文学的规律。没有专业性的道德建设肯定是低效的。

［本文曾以"道德建设期待专业高效——专访北师大公民与道德教育研究中心主任檀传宝"为题，发表于《工人日报》2010年8月21日第5版。本次出版时略有修改。］

美学是未来的教育学

# 德育之重、德育之难
# 与德育之急

## 德育之重

所谓"德育之重"，指的是德育的分量之重（德育的重要）。其原因可以从社会发展、个人发展和教育的性质三大主要方面加以说明。

从人类社会发展的角度言，任何社会的生活品质都需要道德和道德教育机制加以保证，现代社会更是如此。因为现代社会既然给予了我们自由，当然也需要我们"配得上"这些前所未有的自由。正如当代英国教育学家威尔逊曾经指出的："如果你追求主人——奴隶制度，你只需要一些规则和鞭子；如果你追求自由，你就需要各种复杂的机制和交往的环境——信息、选举、争论、程序规则等的有效性。同样，在自由社会中，道德教育也需要更多的注意。"也正是因为如此，国际社会越来越关注道德教育，中国共产党和中国政府也一直在不遗余力地关心和推动中国的德育事业。

从儿童个人发展的角度来说，儿童当前学习生活的动力与质量、未来生活的和谐与幸福都取决于他们是否接受了良好的做人方面的教育。当然，我们也可以从反面论证：如果我们强制一个明智的家长在孩子的品德、身体、学业和艺术修养等方面的缺陷中，选择一个最不愿意自己的孩子出现缺陷的方面，我相信他会选择品德。原因十分简单：将孩子进监狱或者戒毒所之类的问题与孩子身体上的缺陷、课业上的问题、文艺修养上的毛病相比，显然前者更令我们揪心。所以德育"为首"的命题所表达的，并不是对教育序列问题的回答，而是对教育的要害与本真的界定。

至于教育的性质，二百年前德国伟大的教育学家赫尔巴特所提出的"没有离开教育（实际上指的是德育）的教学"的命题，就已经有了很好的结论。台湾的陈迺臣博士在《教育哲学》中也表达得十分精彩："教育是应该包含有教导和学习的因素在内，但反过来说并不一定为真。亦即有教有学的行为或活动，不见得就是教育。这是因为教育本身也是一种价值的活动。"所以，德育是教育的灵魂，离开育人无以言教书，离开德育谈教育无异于缘木求鱼。现代教育的毛病之一也在于我们往往偏离了教育的价值属性。故今天我们希望中国教育事业健康发展，就不能不将目光更多地投射到德育问题上。


## 德育之难


德育是困难的，而且在全部教育领域之中，德育的困难无与伦比。理由有以下三个方面。

首先是常规的困难。它指的是德育领域中广泛存在着一般教育领域或许不太可能遇到的困难。比如在纯粹文化知识的教学中，当我们需要了解教学效果的时候，只需发一份试卷考一考学生，然后对考卷作分析，就很容易能了解学生学到了什么，在哪些地方还存在问题，以后进行有针对性的教育就可以了。但是一般文化课所拥有的这个评价或者诊断的工具在德育活动中基本上不存在。我们能够对学生施测的只能是道德认知或道德行为方面。由于道德认知未必能够转化为道德行为，道德行为也未必反映道德动机，所以基本上我们无法了解通过某一道德教育活动，学生在品德（综合了道德认知、情感、意志、行为等）上长了或缺了多少。此外，在某些知识或者技能的学习上，强制可能是有效的，但是德育却不然。德育上的强制灌输一不人道，二不科学，基本上是无效的甚至是反教育的。因此，别的领域没有的困难，在德育领域广泛存在，而且不容易克服。

其次是时代的挑战。当我们还在为克服那些广泛存在且不容易克服的别的领域没有的、"常规的"德育困难殚思竭虑的时候，时代的发展早已一日千里、势不可挡。比如，网络时代就已经迅速地改变了我们的生存状况。我们的儿童变了，我们的环境变了，不管愿不愿意，我们已经处在一个价值多元的时代。这个时代带给我们自由，同时也带给我们自由的困惑；这个时代带给我们开放，同时也给我们带来了精神上的孤独。在德育问题上，我们从人类价值共识的建立到具体教育策略的探索，都遭遇了前人所不曾遇到的一系列难题。这个时代从某种意义上说是一个人类在道德生活和道德教育上彻底无助的时代——尽管这也是一个人类教育科学空前发达的历史阶段。

第三，在中国，还存在一个"有中国特色"的困难，那就是德育言说的困难。在教育的其他领域，研究基本上是没有禁忌的，因为它们与价值无涉。但是，在直接涉及价值和意识形态的德育领域，由于众所周知的原因，我们却往往很难贯彻中共中央"解放思想"的号召。至今，在德育研究和实践领域实事求是、解放思想仍然困难重重。这样，许多该讲的真话无人敢讲（即所谓的"言说的困难"）、敢听；对许多本可以研究的课题没有开展真正意义上的研究；许多本可以克服的属于常识水平的德育缺陷没有被克服。这实际上是几十年来我们一直抱怨德育实效不高，却始终无法改变现状的根本原因之一。而讳疾忌医的结果，必然是问题更多、更严重。

## 德育之急

我们为某件事情着急，一般需要同时满足两个条件：一是这件事情重要，二是这件事情困难。显然，只重要不困难，我们顺手就做了，无须着急；只困难不重要，我们溜之大吉即可。只有那些无法逃避又困难重重的问题才会令我们寝食不安。我们认为，中国当代的德育问题就是这样一件无法逃避、困难重重、令我们寝食难安的急事。

中国当代德育的现状，用"问题成堆"来描述一点都不为过。众所周知，中国社会是一个古代社会痕迹浓厚的社会，中国德育的老问题（如强制灌输等）并没有获得很好的解决。但是，中国社会又已经是一个网络社会、传媒社会，网络与大众传媒对于青少年的价值影响已经日益加深。改革开放使我们更快地进入了全球化时代，道德文化的碰撞、切磋与冲突已经不可避免。以城市化为标志的现代化已经给我们的社会和教育带来了许多"富贵病"。经济特区的发展和农民进城等导致的新旧移民浪潮所引发的道德教育问题也数不胜数。在德育问题上，我们是旧账未了，又添新账。所以我们无法不寝食难安！

正因为认识到中国德育问题之急，一些对中国德育有着强烈使命感的青年学人才不约而同地从侧面进入各自关心的德育问题领域。现将我们粗浅的研究集结起来，形成"当代中国德育问题研究"丛书。本丛书主要包括的选题为：

（1）网络环境与青少年德育（檀传宝等著）；

（2）大众传媒与青少年德育（檀传宝等著）；

（3）全球化时代的中国公民教育（王啸著）；

（4）社会问题与青少年德育（魏曼华等著）；

（5）移民社区的思想道德教育研究（刘志山著）。

20世纪中国最重要的教育家、思想家之一的胡适先生，曾经提出了引起广泛争议的"多研究问题"的主张。我们以为，如果我们不将"少谈些主义"与"多研究问题"进行机械和对立的理解，胡适先生的主张对于今日之中国社会和中国德育都是有着极其深远的现实意义的。千里之行，始于足下。我们认为，中国德育问题成堆的现状应当激发出我们更强烈的使命感和奋斗的意志，而不能成为我们消极、悲观和逃避的借口。我们希望本套丛书的出版不仅能够将我们对于解决中国德育问题的急切心情真诚地传达给社会大众，而且能够吸引更多对于中国社会与教育保持着自己的良知、热诚、使命感的同仁以更有力的步伐加入，并推进我们的德育研究。

［本文为"当代中国德育问题研究"丛书总序。本次出版时略有删改。］

# 构建与时代相适应的
## "真正的德育"

**记者（以下简称"记"）**：檀教授，您好。当前，青少年思想道德素质滑坡甚至犯罪的情况时有发生，您能谈谈对这方面的看法吗？

**檀传宝教授（以下简称"檀"）**：这方面的情况的确不容乐观，甚至可以说形势非常严峻。我自己就遇到过这样的事：一伙小青年公然在大白天、在北京三环以内的中心城区"碰瓷"！当然，一些问题比这个还要严重得多。青少年思想道德素质的培养问题，大家时时都在讲，但说老实话，这个问题并没有真正在大家心里引起警觉。家长常常只有在孩子出现大的问题，如自杀、抢劫，甚至杀人的时候，才会后悔，然而，悔之晚矣。

**记**：为什么没引起大家重视？您觉得问题出在哪儿？

**檀**：我觉得，现在大家对德育的认识存在两个误区：一是学校认为抓德育一定会耽误教学，说穿了就是怕影响学校的升学率，因为德育不在升学率的考评范围之内；二是不知道什么叫真正的德育，把德育等同于搞花架子的病态德育，就是那些假大空的形式主义的教育活动。

记：事实上，如果德育抓得好，也就是说，如果抓的是"真正的德育"，二者并不矛盾？

檀：对。认识正确了，谁也不会说抓德育耽误教学质量。常识是，孩子懂事了，学习动机强了，责任感、上进心强了，就会自己主动去寻找最佳的学习方法，形成良好的意志力、学习习惯，等等。这些都是学业成绩提高的关键因素。为什么说"穷人的孩子早当家"？为什么许多品学兼优的孩子来自贫困家庭？那是因为他们早早就懂事了，所以他们能吃苦、有毅力、懂方法，所以他们能出类拔萃。严酷的生活环境给他们的是最真实的，因而也是最有实效的德育。

记：的确，真正的德育不但不会影响教学，而且会增强学生的学习动力。但一些学校天天喊着抓德育，为什么不见成效呢？

檀：问题就在这儿。许多人在对德育的认识上有一个误区，就是把德育等同于一些形式主义的伪德育、反德育的活动。这些活动热热闹闹，但实际上只是给别人看的，给上级领导看，给来检查的人看，给家长看，给社会看，其目的并不是真正触动孩子的心灵、帮助孩子的人格健康成长，当然不可能有什么实效，当然就是在浪费时间、精力与财力，也当然会影响教学成绩的提高。

记：那您认为学校应该怎么做？

檀：关键的关键是要树立正确的德育观念。它必须是真正的德育而不是其他。真正的德育应该是触动、滋养孩子心灵的教育，是使孩子当下幸福且受益一生的东西。那些花架子式的所谓"德育"，只会败坏德育的名声，让学生对德育产生强烈的反感。

记：如果树立了"真正的德育"观念，就能正确处理好德育与教学的关系?

**檀：**是的。目前德育工作的现状是学校教育这个杯子已装满了水——全在应试，已经没有德育的空间了。学校应该尊重教育规律，追求教学效率的提高，以便留出必要的德育时空，同时也要认真思考、真正落实教育性教学。与此同时，在直接的德育活动方面，如果我们抓的是真正的德育，学生的学习动力更足了，他们就会更主动、更高效地学习，而不是像现在这样被动应付式地学习，也就会有更多的时间提高自身的综合素质，发展自己的各种爱好。提高学习生活质量应该成为目前改进学校教育的首要目标。

**记：**其实，只要把握德育的真正含义，我们每个教师都是德育的第一责任人，而不是像现在这样，每个人都认为德育只是专职德育教师的事，与自己无关。

**檀：**是啊，只有每位老师都抱着自己是德育的第一责任人的思想，才能改变目前德育工作"谁都会讲、但谁都不管"的状况，才会出现真正有效的德育。

**记：**我去过不少学校，也跟许多校长、老师们有过深入的交流。其实，他们也有自己的苦衷。一位校长曾跟我说，家长、学生、上级、社会都以你这所学校升学率的多少来评判你，别的在他们眼中并不重要，我们也不敢违背这个"大势"啊。我常常担心某次高考学生考砸了，那我真是一失足成千古恨呢！

**檀：**这正是问题的症结所在。家长、学生，甚至一些地方的党委、政府，他们关心的常常只是一所学校考上一本的有几个，上北大、清华的有多少。考得好，一俊遮百丑，别的任何缺陷都被掩盖了。但许多人格上的问题常常要在若干年后才暴露出来，代价极大，买单的却是整个社会，是我们每个人。所以，整个社会教育观念的变革是学校教育进步的前提之一。

如何下大力气，建立科学的考评机制，是非常迫切的事。只有建立了科学的考评机制，学校内部那种功利的教育观、短视的教育观才能得到有效遏制。目前，某些学校，甚至某些所谓的"名校"，功利主义思想非常严重。学生在他们眼里只是学校名利排行的棋子，而不是发展、培养的对象。学校弥漫着的这种功利主义思想，本身也是一种非常恶劣的隐性课程。它从校长传导到教师，由教师传导到学生，再由学生传导到社会，形成一种恶性循环。

记：我觉得，社会大环境也对学校德育产生了很大的影响。

檀：我们的学校、学生、家长等都不是生活在真空里，自然会受到社会环境的影响。比如，学校教学生做一个诚实正直的人，不要投机取巧，可学生回到家一看，他的家人、朋友却在挖空心思投机钻营，谁对自己有利就去巴结谁，并且这样做非但没有受到惩罚，反而如鱼得水，活得更潇洒。你说在这种情况下，学校的德育会有很好的效果吗？

记：目前社会对一个人的评价机制确实存在某些问题，主要是以钱权来判断一个人的价值。一个人有了钱、有了权就是成功，哪怕你这些东西是不择手段取得的，人家都还是承认你甚至羡慕你。

檀：说到底就是社会的功利化评价机制问题。这种功利化，在学校表现为"以学生的成绩判断人"，在社会上表现为"以一个人的权钱来衡量人"，而判断一个人好坏最重要的标准——品德，却反而被忽视了。

**记**：这是一件可怕的事，应该引起高度重视，否则，我们以后生存的社会环境就会更加恶劣。

**檀**：是啊。就德育而言，我们要做的，一是整个社会观念要变，特别是家长的观念。并不一定非得挤进某些学校才算成才，只要能充分发展孩子潜能的学校，就是最适合他的好学校。我自己也并没有要求我的孩子非考上北大、清华不可。为什么？因为他一直生活在北京，对北大、清华缺少新鲜感。此外，如果还在北京上学，他的自理能力、独立性等就难以得到充分的发展。所以他选择自己梦想中的复旦大学，我就非常支持。据说张德江副总理当年去视察珠海一中时，拒绝去看这所学校刚刚公布的高考录取榜，而是特别提醒学校领导，要认真想一想这所名校的毕业生若干年后会有几个院士、几个诺贝尔奖获得者。这就是一个非常好的正确引导社会观念的行为。

二是一些体制内的政策性问题要解决，比如评价机制问题。一所学校到底要怎么去评价它？是培养出来的学生品德优良、能力强重要，还是试卷上的分数重要？我们需要制定科学的评价标准。德育评价难、复杂，这是事实，但难不一定不能评价，一定有适合德育的评价方式。只要我们真正重视起来，改变观念，办法总会有的。评价不能太功利化，不一定非得量化评价，也可以质性评价。当然，这种评价要以公平、公正、公开、有利于孩子全面健康发展为基本原则。现在我们的一些质性评价的尝试本来很好，但由于缺乏透明的操作过程，效果大打折扣。

三是我们的学校只能把学生当作目的而不是手段。应试教育只管前面，不管后面，而负责的校长和老师，想的应该是学生走出学校以后的长远发展。每个教育工作者都应该树立"敦品可以砺学"的思想。德育不能只是贴在墙上的宣言，而要落实到课内、课外，落实到日常言行上，落实到生活的每个细节中。我们不要随便给学生贴上"后进生""差生"的标签。我认为，初一无"差生"，就是说学生在初一之前，没有优劣之分。如果一个学生被贴上"后进生""差生"的标签，上课就像听天书，天天像坐牢，他的内心会快乐吗？

四是要加大教师德育专业化的力度。目前教师专业化只是提倡教学的专业化，在师范生培养、教师资格证书、教师继续教育的相关课程中，关于德育课程的学习几近于无。这就好比没人教你怎么打枪却要让你上战场，结果会怎样？所以，师范院校应增加德育方面的课程，继续教育中也应增加相关的培训项目。

事实上，与具体的学科教学不同，德育不是哪个方面能独立承担的。只有全社会齐心协力，构建与时代相适应的"大德育"体系，只有我们都在从事真正的德育，才能真正完成历史赋予我们每个人的重大使命。

**记**：我记得您在《让德育成为美丽的风景——欣赏型德育模式的理念与操作》一书中曾经提出过美丽的德育的理想。

**檀**：是的，美丽的德育或者欣赏型德育模式理念的提出者虽然是我，但它是我们所有教育工作者的崇高理想。在那本书中，我将欣赏型德育模式所追求的核心理想或理念感性地表达为美丽的德育。我们希望通过探索，找寻到一种解决世界性德育矛盾或难题的答案——一种既避免强制灌输、又坚持正面价值教育的可操作的德育方案。我们的梦想是通过我们的努力让道德学习在对道德智慧美、人格美等德育美的欣赏中自由、幸福地完成，让德育成为一项最人道的事业，成为一道最美丽的教育风景！

[本文曾以"构建与时代相适应的'真正的德育'——访北京师范大学公民与道德教育研究中心主任、博士生导师檀传宝教授"为题，发表于《湖南教育（中）》2011年第8期。本次出版时略有修改。]

# 德育：
# 提升生命质量的事业

**中国教师报：**不久前，河南省郑州市将"能否孝敬父母"列入高中录取依据，结果一石激起千层浪，在当地考生及家长中引起了强烈的争议。家长不明白孝敬父母的标准，学校认为有很好的评估体系，主管部门还没有拿出最后的意见。以前，有些地方有"为见义勇为者加分"、开办"道德银行"的做法。檀教授，您认为把"能否孝敬父母"列入高中录取依据合理吗？

**檀传宝：**这要从两个方面看。从制度上讲，这种思路是对的。社会需要有这样一个制度保证，不能让诚实的人、有良好道德品质的人处处吃亏。也只有这样，道德教育才有存在的可能。但从教育角度讲，这种功利主义的做法，可能是远离道德教育的本质的。

道德法则不同于经济法则。经济法则追求利益最大化，不同利益主体在利己原则的支配下找到利益平衡点。道德法则强调的是利他，是以利他的形式解决利害关系，最后也能达成平衡。虽然结果是一样的，但调节杠杆在性质上是有根本差异的。

道德教育以功利的方式实施，在儿童早期可能有点意义，但是到了小学中高年级，就不适合了。因为当一个人抱着功利的目的进行合乎道德的行为时，他最后可能并不了解什么是道德生活的本质。

**中国教师报：**现在校园暴力事件较为频繁，许多事件的起因可能只是一点小误会或小纠纷，但当事学生的手段非常残忍，性质十分恶劣。学生不尊重他人，不尊重生命，有人把这些都归结为学校德育的失败、教师的失职。对此，您怎么看？

**檀传宝：**这样看校园暴力简单化了一点，产生校园暴力的原因是很多的。有人说这是因为青少年法律意识淡薄，法制教育不够，我以为这只有部分道理。中学生怎么可能一点都不知道这是违法行为呢？他可能不知道这种行为具体违反了什么法律，严重性有多大，但要说他们一点都不知道法律，是法盲，是不可能的。所以这种说法有部分道理，加强法制教育是防止青少年犯罪、减少校园暴力的策略之一。

还有一个原因是心理原因。校园暴力大多发生在青春期的学生中，青春期在心理学上被称为危险期、风暴期，特别容易出问题，这与荷尔蒙分泌有关。学校、家长加强对青春期学生的心理辅导、危机干预是很有必要的，但一定要学校保证完全消除学生的过激行为，恐怕是不太现实的。

上面两个策略，法的教育是"堵"，是用强制手段让人遵守底线；心理教育是"疏"，帮助学生走出心理误区。但仅有这两者还是很不够的，我认为还需要有一个引导的机制，就是要加强德育。道德教育的主旨是鼓励人过高尚的生活、高品位的生活，改善人的生存状况，提升人的生命质量。如果我们的道德教育有效，孩子们有比较远大、高尚的追求，就不可能去做那些欺侮同学、打架吸毒的事。

**中国教师报**：那么，家庭（父母）在孩子的德育问题上到底应该承担什么样的责任？或者说，当一个孩子走入校园时，从理论上说他（她）应该具有什么样的道德品质？

**檀传宝**：学龄前的孩子太小，不必对他讲理论，我认为这个阶段家长最重要的是做两件事。一是让孩子在进入学校之前有心理上的安全感。按弗洛伊德的理论，五岁前是孩子性格形成的关键时期，这一阶段如果家庭发生大的变故，使孩子产生不安全感，会对他以后的人格发展有很大影响。二是让孩子养成基本的行为习惯，比如卫生习惯，尊重他人，与人和平相处等。

现在不少家长觉得孩子小，不敢对孩子有所限制，这是不对的，只能使孩子养成不良的行为习惯。还有的家长自身的人生观有问题，认为人是自私的，他（她）对孩子的道德教育就会出现偏差。

人是有自私、功利的一面，但并不只有这一面。孟子说："人之异于禽兽者几希。"人不同于动物的地方就在于人有"善端"。这也是最基本的事实。社会大众对黑暗的东西注意太多，把人功利性的一面作为唯一的事实，夸张法表达，结果误导了对人性的认识，这就错了。人性，其实善恶两方面都有。人有物质层面、生物性层面，也有精神层面、社会性层面。人为什么会那么苦恼啊？苦恼说明什么？说明你心灵深处还是认为人不应该这样，人还要有另外一面，还在追求善。

许多家长对人性的认识不全面，在孩子的道德教育上就会出现问题，这既不利于孩子的健康成长，也给学校的德育工作造成很大的难度。

**中国教师报**：德育问题是我们一直重视的领域，但事实上德育的实效性一直很差。您以德育美学观为理论基础，提出建构欣赏型德育模式，这项实验研究是全国教育科学"十五"规划的国家重点课题。您能否较为详细地介绍一下欣赏型德育模式与传统的德育模式的区别？

**檀传宝：**我的基本思路是走比较中庸的路。传统德育模式是强制多，绝对主义的东西多。价值观缺乏清理、反思，这是有问题的；强迫孩子接受，从长期的实践证明来看，效果也是不好的。西方的德育是完全放任的，持相对主义态度，似乎尊重学生，很民主，但实际上是放弃了德育。当大人对孩子说你怎么做都可以时，实际什么也没告诉孩子，这也是不对的。德育应该是有所引导但是又要发挥孩子的主动性。欣赏性德育模式的基本思考是：德育的内容从纯粹的规范角度来讲，是异己的力量，有时要付出代价，但换一个思路来讲，道德教育的内容又是人类文化的智慧，如果我们采取的措施得当，孩子会像欣赏艺术品、欣赏别的文化产品一样欣赏德育。比如让孩子讲礼貌，孩子可能会感到痛苦。可是，当孩子看到生活中讲礼貌的人多么优雅，生活多么惬意时，他就会乐意去讲礼貌。欣赏型德育模式就是要让孩子在欣赏道德人生之美、欣赏德育智慧之美的过程中，自觉自愿地接受道德的生活方式。

我有个比方，道德教育的内容与形式如果可以处理成一幅美丽的画、一曲动听的歌，那么与这幅画、这首歌相遇的人就会不自觉地被吸引过去，在"欣赏"中自由地接纳这幅画、这首歌及其内涵。道德教育的价值引导与道德主体的自主建构两个方面就可以在欣赏过程中得以统一。

我认为这个模式也可以解决西方德育的问题。

**中国教师报**：您的欣赏型德育模式的具体操作步骤是怎样的？

**檀传宝**：欣赏型德育模式主张道德学习在欣赏中完成，这个过程可以分解为以下几个阶段。

第一阶段：建立与发现欣赏的视角。一块石头从一个侧面看非常一般，但换一个侧面则可能是一种审美的存在。同样，道德规则可以以纯粹理性或命令的形式呈现给我们的学生，也可以选择一种特别的角度让学生认识到这些规则正是一种人类生活的智慧，是一种"合规律性与合目的性的统一"的形式。这样，道德教育内容的"顽强的疏远性"就会在"欣赏"过程中得到消解。在道德教育的准备阶段，教师的教育智慧主要体现在这一视角的寻找与建立上。

第二阶段：展现道德智慧与积极人生的美丽。在德育实施过程中，教师的任务一方面是，在道德教育内容的呈现形式上发挥创造性，做到形象、生动、审美化。在教育教学中德育工作者应当努力发掘教育内容中的审美因素，将人类道德文明的智慧之光充分展示出来，让学生在道德价值、道德规范的学习中看到人类自身的伟大与尊严，体会到人类驾驭人际关系的本质力量。另一方面，探索多种形式，延续、强化和巩固审美体验，促使道德审美的结果影响品德结构，改进行为模式。因此，如何创设"展现道德智慧与积极人生的美丽"的教育形式或可欣赏性道德情境，是欣赏型德育实施的关键。

第三阶段：践行审美化的人生法则。审美的任务是立美，道德教育的最终目标只能是道德的行动。所以，欣赏型德育模式所追求的最终目标只能是鼓励学生践行审美化的人生法则。一种是审美化的角色扮演，一种是审美化的真实的道德实践训练。

**中国教师报**：现在有的老师鼓励成绩好的学生在考试中为其他同学提供帮助，一些学校甚至强迫学生说谎应付上级检查，并把这些冠之以集体主义的名义。对此，您怎么看？在现实的德育状况不容乐观的情况下，您提出欣赏型德育模式有没有曲高和寡的感觉？

**檀传宝**：这种做法表明有些老师缺乏基本的职业道德，是活生生的反德育，甚至可以说是犯罪。就像生活中一些假典型能摧毁人的最后的底线，破坏力往往比反面人物更大一样，教师或学校教唆孩子说谎，违背基本的教育专业伦理，贻害无穷。教育技能欠缺容易弥补，没有责任心、事业心就很难了。

我提出欣赏型德育模式没有曲高和寡的感觉。因为这个模式不是唱高调。王阳明的一个学生讲"满街都是圣人"，不是说每个人真的都是圣人，而是说每个人可能在某个时刻、某个方面是有圣贤气象的。最腐败的社会也不是没有一丝光芒。我们就是要让学生看到这些，让他们意识到这也是人生的真实，不要只看到阴暗的一面。当然，我这个模式不是要解决全部社会问题，德育的实效性还有赖于社会改革的深入。

我提出这个设想已经有十年了，以前以理论研究为主，2002年后找到一些志同道合者，现在有六个学校在进行实验，也取得了一些预期成果。说实在的，学术成果转化为现实是一件很困难的事。现在我也不敢说这个模式已经很完善，能够解决德育的全部现实问题。今年暑假，我们这个课题就结题了，到时你会看到更详细的内容。

**中国教师报**：有人不无激愤地说，长期以来，我们是"用不道德的手段进行着道德教育"。从您刚才的介绍中，我发现您的欣赏型德育模式"也是着眼于改变德育的手段、方法。

**檀传宝：**不完全是这样。德育内容我也有考虑，德与育必须兼顾，因为如果没有正确的价值观，育越先进，越出问题。这方面很多问题的根子依然在体制问题上，只有随着政治体制改革的深入才能逐步解决。

所以我的研究重点比较偏向育的层面，德的问题也主要从育的方面去观照。我觉得德育失效最大的原因是有太多强制，育的专业化程度比较低。现在基本上也还是老一套，一说加强德育，就强调灌输、强制，这是不对的。

**中国教师报：**听说现在有人提出班主任独立设岗，您认为这是否有利于改变德育低效的现状？

**檀传宝：**我坚决反对班主任独立设岗。德育本来就有太多强制的东西，现在有一批老师不干别的，整天就跟在学生后面，只会增加学生的反感。再者，让班主任不教课，那些老师愿意吗？不了解学生的学习生活，能算了解学生吗？最大的问题是，全国那么多学校、那么多班级，财政压力得有多大？

**中国教师报：**您曾写过一篇论文，题目就是"专业化：提高德育实效的关键"，班主任独立设岗不是与您的观点相吻合吗？

**檀传宝：**你误解了我的观点。我说的"专业化是提高德育实效的关键"，第一是说专门从事思想政治课教学、专门从事团队工作的人，应该有比较多的德育专业知识，需要有更多的心理、品德方面的训练，有较高的专业水平。第二，所有从事教育的人，整个教育专业化应该有德育这一环节。

我也认为应该有专门的德育课程、专业的德育工作者，至于什么样的人才能做这个工作，在教师中占多大的比例，可以讨论。

**中国教师报：**据说美国中小学没有班主任，也没有专门的德育课程。

**檀传宝：**我认为，非要以谁为参照系的想法是错误的。如果这样，那美国以谁为参照系呢？所以说这个想法是缺少反思的。另外，美国已经发现了自己的问题。20世纪80年代中后期以后，美国兴起了一个品德教育运动（Character Education Movement），他们认为自己没有专门的德育课程、不敢对学生进行正面教育是错的。这个运动在美国影响很大。

我主张直接的德育课程和间接的德育课程以及隐性德育课程三者相配合，决不能取消专门的德育课程。学校应该有专门的时间组织学生讨论人生问题。人应该怎么活，怎么与人相处，你不讲，有的学生真的不知道这些道理。没有专门的课程，德育就会边缘化，人人有职最后却变成无人负责。

**中国教师报：**说到人应该怎样活着，我想到了现在教师的工作压力已经很大，一线教师普遍喊累。"两眼一睁，忙到熄灯；熄了灯，想学生。"而您曾撰文论教师的幸福，提出教师应该充分认识自身职业的意义，提高自己的德性水平和人生境界，提高自身的教育实践能力。为此，您认为教师需要具备良好的知识结构、高超的教育能力以及审美的素质，这样教师才会获得幸福感。从现实层面来看，您的这些论教师的幸福的主张是不是显得有些奢侈？

**檀传宝：**恰恰相反，这不是奢侈的而是现在所有教师急需的。幸福是生命质量、职业生活质量的象征。现在很多老师没有责任心、没有使命感，就是因为没有找到职业生活的意义，所以只会觉得累，觉得痛苦，不可能有幸福感。只有教师主动地、自觉地追求幸福，才可能找到职业生活的意义，教师的生命质量才能提高，教育活动才能真正具有人性的光芒。

教师的工作的确很辛苦，但以职业生活角度来说，累与幸福感的获得是同步的。人登山时，浑身是汗，很累，但与此同时他感受到的是幸福。没有登山的过程，不累，也就没快乐了。

当然，如果工作强度真的超过了教师承受的极限，教师承担不了了，也就谈不上幸福了。这是不合理的现象，也超出了我研究的范围。

再从职业道德角度来讲，也需要强调幸福。只有从教师的幸福讲起，职业道德才能生长在每一个个体身上。个体不可能为一个与自己没有任何关系的东西去恪守道德。道德要求奉献，功利性的东西没有永恒的意义。功利的目标极易导致浮躁，必须有精神上的愉悦、精神上的幸福才行。只要你追求精神上的幸福，使命感自动会对你产生约束，会产生对职业行为的要求，这就是职业道德，德福是一致的。所以我总是从幸福开始讲道德，从天而降讲道德，师生都会反感。教师在几十年的职业生涯中如何活出精彩，其中一个很重要的条件就是道德，道德是帮助他实现人生意义的工具。

［本文曾以"德育：提升生命质量的事业"为题，发表于《中国教师报》2005 年 2 月 23 日 A3 版。本次出版时略有删改。］

# "立德树人"应有的
# 三大坚守

中共十八大报告明确提出要"把立德树人作为教育的根本任务"之后，越来越多的有识之士开始高度重视、真心支持德育事业，并且努力在教育实践中付诸切实的行动。但是也有一些人认为所谓"立德树人"只不过是一个新口号而已，走走过场、装装样子，过一阵子又会一切如旧。

的确，新中国成立以来，德育不断以不同的表达方式在不同层级的文件中被反复强调过无数次。诸如"德育是统帅""德育是灵魂""德育为首""育人为先"，如此等等，不胜枚举。但目前为止，德育的实际效果仍然不尽如人意。重要原因之一，就是人们对于德育的理解基本上处在经验教育阶段。今天，倘若我们希望真正实现立德树人的根本目标，恐怕必须从观念、目标和策略上有思维的调整、更新与创造。只有遵循新的思路，立德树人工作才可能走出旧循环、走进新境界。

基于教育专业的理解，我认为目前立德树人工作必须坚持三个重要原则。

## 观念：让德育作为教育根本的意识深入骨髓

在认知上，或者在口头上让人承认德育重要并不困难。在中国这个曾经的礼仪之邦，大家在理智上也都知道德育应当成为教育的重中之重。然而在实际工作中，德育的重要性却总是被逐步消解，几近于无。除了社会因素，最重要的原因之一就是人们对德育的重要性缺乏透彻的、专业性的理解。从教育学已经有的研究成果来看，今天的教育工作者至少应当从以下三个角度去认识德育的重要性。

### 1. 无德育即无教育

"教育"一词，如果从规范意义上说，本身就意味着"教人做好人"。如果去掉"好人"两字，教育就极有可能变成教唆。而若从描述性角度论，健康的教育和病态的教育都是教育。但即便那样的教育概念，也仍然不能脱离德育——只不过健康的教育与健康的德育关联，病态的教育则意味着错误的德育蕴含其中而已。所以，教育工作者与其死记硬背文件上的要求，不如认真思考"教育究竟为何"的真意、深意。

### 2. 教育者无法不参与德育

许多教育者，尤其是从事自然科学学科教学的老师实际上往往并不认为自己真的是"德育工作者"，因为他们认为自己只是在教授某些自然科学知识而已。事实上，他们的确只是在教学数、理、化、生等。但是，任何一节数、理、化、生课程都会有直接的德育（如要求同学遵守课堂纪律、学习科学家的人格）、间接的德育（培养科学精神、唯物主义世界观）、隐性课程意义上的德育（师生互动形式、课堂组织形式对学生人格的潜在影响）。人文课程中德育因素的广泛存在，更是不言而喻。因此，每一位教育者都应当清醒地认识到："人人都是德育工作者"是一个教育的事实，而非仅仅是一种价值的倡导。

## 3. 德育是工作更是灵魂

德育工作，尤其是学校德育的确千头万绪。没有具体、细致的德育工作，德育目标就无法真正落实。但是，德育又不仅仅是那些具体和直接的工作，否则就有可能被别的更紧迫的任务边缘化。仔细观察不难发现，让人具有一定德性、成为特定社会的合格公民等德育目标，实际上应当是全部教育的目标，而非只是那些具体德育工作的目标。这也是赫尔巴特等教育大家们一再强调道德是教育的根本目的、唯一目的的原因。

因此，只有从骨髓里、血液里认识到教育与德育须臾不可分离的本质，教育者才可能真正理解德育的重要性，真正发自内心地承担教书育人的使命和立德树人的责任。

## 目标：实现基础道德建设与公民意识教育的有机统一

当前中国社会面临两种与德育有关的重大课题。一是"站起来"并且逐步"富起来"之后，全体中国公民的基本文明素养如何得到切实提高？二是面对社会发展中的诸多矛盾与冲突，如何通过教育提升公民素养，以保障国人对国家事务、公共生活的积极和理性的参与？

对于前者，社会公众可能有一定的认识。因为通过媒体的大量曝光，一个"乡下人进城"（即开始富裕但不能让世人敬重）的中国公民整体形象已经展现在世界面前，这当然是让我们这个爱面子的民族最为痛心疾首的事情。一方面，所有"乡下人进城"都需要有一个自然的学习、调整的时间。过去日本人、韩国人也曾经因为某些不文明的行为、价廉质次的产品等为世人所鄙夷。但另一方面，这个学习、调适的时间应当越短越好。有碍观瞻其实还不是最重要的原因，更重要的理由来自我们自身：所谓美好生活，一个至关重要的指标就是你生活在一个文明的环境中。反过来也可以说，国人不仅需要获得世界的尊敬，而且需要最起码的社会生活品质——让我们的食品、药品安全，让我们可以享用符合卫生标准的空气、饮用水，让我们不再因为违背交通法规失去太多的生命，让我们祖国的花朵生活在一个安全的成人世界之中，如此等等。目前诸多社会乱象虽然不全是"缺德"这一单方面的原因所导致的，但是，许多人基础道德缺失难辞其咎。因此，告别假大空、建设基础道德文明，应当成为目前中国学校教育以及全社会的根本任务。

对于后者，教育工作者可能需要更多、更清醒的自觉。这是因为，公民教育对于坚持有中国特色社会主义事业、实现中国梦都是极其重要的课题。一方面，诸多社会矛盾和冲突不仅需要通过社会发展和体制改革来最终化解，也需要所有维护合法权益的社会主体具有理性、积极地参与社会协商、社会建设的公民素养。从长治久安的大局出发，习近平主席已经明确呼吁两个三十年不应相互否定，中共中央也一直强调高举旗帜与改革开放的辩证统一。换言之，社会主义旗帜一定指向更高水平、更真实的自由平等、公平正义、民主法治，而非相反方向。而一个更加开放的中国、一种更高水平的社会主义民主进程一定需要更加积极、理性的人民共和国的公民。另一方面，现在的青少年往往是独生子女或少子化时代的"新新人类"，有条件接受前辈无法梦想的良好教育，至少是九年制义务教育。21世纪的中国德育要有实效，就必须尊重一个最基本的实际，那就是：当代社会，民智已开，今天的德育对象都有更强烈的自主性、自尊心、参与意识和世界眼光。继续鸵鸟思维，搞强制灌输的老一套，培养只会听话的乖宝宝，只会让中国教育走进死胡同，更无法回应中国产业与社会转型对创造性人才或者独立人格的紧迫时代呼唤。也是因为这一点，"加强公民意识教育，树立社会主义民主法治、自由平等、公平正义的理念"才是当前中国教育最为重要的社会责任之一。

立德树人，究其根本就是要培养社会主义合格公民。因此，在德育目标上培养一个同时具备基础道德文明素养，以及社会主义民主法治、自由平等、公平正义的理念的共和国公民，应当成为所有教育工作者的当然共识。

# 策略：全方位提升德育实践与理论的专业化水平

"一年之计，莫如树谷；十年之计，莫如树木；终身之计，莫如树人。"最近，《管子·权修》中的这段话因为立德树人的宣传而广为人知。但是人们很少思考的一个逻辑是：现代农业的基础是农业科技，无论树谷、树木，我们都需要告别经验型的劳作方式。既然如此，培育健康人格的工作是否更需要告别"靠天收"的经验型，实现科学化或者专业化？因此，从实施策略上说，"向科技要生产力"、全方位提升德育专业化水平，是落实立德树人根本任务的最重要选择。

所谓"全方位提升德育专业化水平"，至少包括以下三个维度。

## 1. 德育决策的专业化

德育事业最重要，但也最复杂。与其他专业工作相比，德育的学科基础最为广泛，对于参与者的专业要求更高。德育工作者不仅要能专业地理解、把握德，即拥有哲学、伦理学、政治学、法学、社会学等学科的专业知识，而且必须具备对育的科学理解与专业能力，即必须对品德心理、社会心理等心理学以及德育基本理论、德育思想流派、德育实务知识等教育学知识有足够的了解和把握。实现德育决策专业化不仅要求德育工作的领导者虚心、自觉地学习，成为有专业判断力的决策者，而且需要在德育决策过程中真正尊重专业意见。一些德育的创新虽然用心甚好，实际效果却十分有限，也往往是因为从来没有尊重科学、认真问计于专业人士。

总之，德育决策涉及更为广阔的教育天地。从这个意义上说，决策的专业化是德育专业化的关键。要真正实现立德树人的根本目标，需要所有德育的决策者有起码的自知之明，即有德育专业学习的高度自觉。

## 2. 德育队伍的专业化

所谓队伍，当然既包括将军，也包括士兵。鉴于德育决策者的专业化问题已经讨论过，这里"队伍专业化"的重点就是指教师的德育专业化。而教师德育专业化应当强调的重点又是全体教师的德育专业化和教育学科意义的德育专业化。

强调全体教师的德育专业化，主要是因为所有从教人员都是直接德育、间接德育和隐性课程意义上德育的参与者。我们不能设想一个士兵没有学会瞄准、射击就奔赴战场。同理，教育者也必须具备起码的德育专业知识、能力才能从事教育。关于这一点，中国应当向日本的教育政策学习（日本所有中小学教师，无论担任何种学科教学，在获得教师资格证书时都必须学习过 2 个学分的道德教育课程），在教师资格证书获得和更新环节不仅提出师德要求，而且明确提出对德育专业资质（即知道如何做德育）的强制性规定。

强调教育学科意义上的德育专业化，主要理由是因为我们相对注重有关德的专业知识的学习，如政治、伦理知识的学习，而相对忽视育的专业化，即与德育有关的教育学、心理学知识、技能的掌握。这一点尤其应当引起师范院校思想政治教育专业的高度重视。像培育数学老师一样培育德育课程师资的前提性假设本来就是错误的，但错误的培育范式迄今为止一直没有得到应有的改正。这也是德育实效长期难以提高的重要原因之一。

## 3. 德育研究的专业化

无论德育决策的专业化还是德育队伍的专业化，都有一个前提——德育专业或者真正意义上的德育科学研究及其成果是真实存在、可以信赖的。

虽然改革开放以来中国的德育理论已经进步不少，但是与德育实践的迫切需求相比较，仍然缺口巨大；虽然世界范围内德育研究成果可供借鉴的积累已经相当可观，但是这些成果在中国的传播、应用、中国化，仍然需要众多专业德育研究者的艰苦努力。目前，中国德育研究的现状是号称德育专家的人很多，但合格的研究者凤毛麟角；标签为"研究成果"的泡沫产出不少，但真正称得上严肃的学术研究的比例很低，能够对德育实践发挥实际作用的则更少。因此，立德树人的事业迫切需要一大批真正意义上的德育科学工作者。为此，我们至少需要努力准备两个基本和必要的条件：一是国家、高等学校、研究机构等高度重视德育研究队伍的培育，不仅采取切实措施加大研究条件上的支持，而且为专业德育研究者提供德育科学研究所必需的实事求是、畅所欲言的良好精神生态；二是专业德育研究者自身要有"板凳要坐十年冷"、淡泊名利、潜心学术的定力，要有"敢叫日月换新天"、勇于创新、追求真理的气概。很显然，目前这两个条件都亟须我们努力创造。

总而言之，立德树人是大事业，需要大气魄、大决心，更需要最大的努力。而若想在具体德育实践上不落窠臼，就需要广大教育工作者在思维上有所创新，行动上有所坚守。

[本文曾以"立德树人实践应有的三大坚守"为题，发表于《人民教育》2013 年第 21 期。本次出版时略有删改。]

# 专业化：
# 提高未成年人德育实效的关键

《中共中央国务院关于进一步加强和改进未成年人思想道德建设的若干意见》颁布以来，在全国范围内引起了广泛共鸣，对提高未成年人德育实效作用显著。但是，目前仍然有许多问题没有得到很好的解决，如果不予以高度重视，就会使得我们的良好愿望落空。我这里只谈一点，就是德育工作以及德育工作者的专业化问题。

这些年，以中共中央国务院名义颁发的关于加强德育工作的文件在教育领域是最多的。这一方面表明党和国家的最高领导层一直关注这一教育的要害问题，但同时也表明我们的德育问题一直解决不好、效果很不理想。其中最主要的原因之一，我认为是长期以来我们一直存在处理德育问题的专业化程度不高，或者说对于德育工作的科学性、专业性认识不高的问题，也可以说是高度重视与低度专业化的矛盾。其主要表现在于以下三个方面。

## 德育工作决策的科学化和民主化程度较低

这是说在领导层面就存在对于德育工作的科学性、专业性认识和尊重不够的问题。许多领导只有对于德育工作重要性的朴素的认识，却很少考虑到德育政策制定的过程需要真正对德育工作有研究，敢于讲真话、实话的专家的参与。即使偶然想到邀请专家，也往往是偶然性较大，没有考虑专家研究的专门领域。或者只是用所谓的专家意见做做点缀，实际上还是认为自己是唯一正确的，或者沿着政治上最保险的路子处理相关问题。结果是上面的宏观决策质量不高，而执行者又只能照章办理。这样当然会影响德育工作的实效。比如，我们每次全国德育工作会基本上都是全国负责德育工作的首长们的会议，专业人士一律不在场。这样的德育工作会议当然就只能在行政思维上打转转，而没有较大变革的可能。

## 德育工作者专业化水平过低

在教师专业化的过程中，我们主要关切的往往是对教师所负责的学科教学的学科知识和一些教育技能的培训，而对于德育这项高度复杂的工作的专业性质缺乏应有的认识。不仅一般的教师教育（包括职前、职后）在德育问题处理方面鲜有涉及，就是对于那些未来将从事直接德育工作的教师（如思想政治课教师、班主任、团队和学校领导干部等），也主要进行的是以政治等学科知识为主的教育，而对于德育所必须涉及的教育学、心理学知识，如德育原理、品德发展心理学等课程，基本不涉及。也就是说，教师对一些特定的思想道德内容如何有效转化的专门知识缺乏应有的了解。这样，教师在从事德育工作的时候就只能"摸着石头过河"，效果当然可想而知。

## 对于德育学科的研究队伍重视不够

这与前两点是联系在一起的。主要表现在两个方面：第一，提供的条件不够。资金、人员、办公条件严重短缺。比如一些大学，包括重点师范大学中，有很多学科的一个实验室就可能有一大片办公区，但是专门研究青少年德育问题的研究中心往往是一个连办公室都没有的虚拟的研究中心——尽管这个研究中心也承担着包括国家重点课题在内的许多研究项目。此外，在研究队伍的梯队建设、研究资金的投入等环节，大学和一些行政机构往往对别的科学领域十分慷慨，对德育研究则显得十分吝啬。第二，我们重视对于德育研究中的德的关注，而严重忽视对育的研究。其结果是，德育专家等于思想政治方面的研究者。而实际上，解决许多德育实效不高的问题的关键，不是在德而是在育的方面。以上问题如不解决，未成年人德育实效提高的前景堪忧。

现代教育与古代教育最重要的区别之一，是教育由经验形态转变为专业性的活动。经验型教师向专业型教师的转变是人类教育生活历史性进步的一个重要表征。因此，德育工作和德育工作者队伍的专业化问题应当提到议事日程上来。为此，应当做到以下三个方面。

第一，高度重视德育工作决策的科学化和民主化。只有专业化的决策才能赢得实际德育工作的全局性胜利。在决策之前、之中和之后都应当贯彻这一原则。

第二，高度重视教师队伍的德育专业化水平的提高问题。为此必须改革教师教育的课程体系和教育方式，加强德育工作专业化的步伐。

第三，高度重视德育学科的研究队伍的建设。应当在全国范围内培养一批真正的研究者，使之成为德育决策的顾问，使一批研究机构成为各级德育工作的智囊团，对教师教育和实际德育工作提供科学理论上的有力支持。同时也应当加强学术打假，将那些只会简单附和领导意见而不能从事真正意义上的研究、不能提供实际研究成果的伪学者清理出局。

［本文曾经以"专业化：强化德育实效的关键"为题发表于《中国教育报》2004 年 10 月 13 日第 2 版。本次出版时略有修改。］

# 大学道德教育的
# 改进之道

## 当代大学生道德现状

**记者（以下简称"记"）：** 现在大众媒体上对于当代大学生的批评报道很多，比如大学生对待爱情的轻率态度、大学生的诚信丧失、大学生的铺张浪费，等等。您能否对现在大学生的道德现状作一个整体评价？

**檀传宝（以下简称"檀"）：** 要作出这样的评价必须先做实证调查，而且是样本数量比较大的调查。如果没有调查数据作依据，就不好贸然评价。这里我只能谈点个人想法。你要评价道德也好，评价别的事物也好，首先最重要的是要考虑评价标准是什么。现在看来，有两种道德评价标准可能是不合适的。

第一种是以过去的标准，即用旧时代的标准来衡量新时代的道德，而这个标准可能是过时的。国家在进步，社会、经济在发展，再用过去的规则要求现代人，无论是对于哪个人群来说都是有问题的。比如说节俭的问题。"新三年，旧三年，缝缝补补又三年"的标准对于现在的大学生来说确实存在需要改进的地方。节俭是重要的，但是不能像过去那样理解。再比如说现在比较敏感的大学生谈恋爱的问题。其实，潜意识里面很多人还是按照过去的标准来要求现在的大学生。我们这代人上大学时，谈恋爱基本上是地下的，这件事情本身就是不好的。两性的道德观是一个不断被修正的标准，完全用以前的标准来衡量，你会发现现在的大学生身上到处都是问题。

第二种是用一种最理想、最浪漫的标准去衡量当代大学生。我们每个人都有道德理想，每个社会也应该有道德理想。到目前为止，大学生这个群体基本上仍然是中国社会的精英群体，社会有理由对他们具有更高的道德期待，这个没有问题。但是，道德理想和道德期待是一个主观的东西，过高的、过于浪漫的理想作为人生追求没有问题，但作为一个普遍标准可能就有问题。就像现在的很多家长对孩子的期望过高，望子成龙、望女成凤，有时候会给孩子造成压力，会压抑孩子的积极性。大学生也是一样，我们整个社会就像一个家长一样，对大学生过高的期待，反而会使道德教育显得虚伪，显得假大空。

另外，还有媒体方面的原因。媒体把某些问题突显出来是有功的，但是从评价的角度来讲是相当不全面、不理性的。媒体喜欢能够吸引人眼球的新闻，无论是正面的还是负面的新闻，一方面它是事实，但另一方面，它的取样特别少，不足以代表全部，所以有时会误导整个社会。所以我说，整体来讲，大学生的道德是存在一些问题的，但是有一部分是我们的评价标准有问题，还有一部分是媒体在造势，制造噱头。

现在的大学生与过去相比，在数量上增加了很多。他们的道德水平和学术水平都在引起社会的关注。很多人说现在大学生的道德水平降低了，实际上是降了还是升了，我没有做实证调查，不好轻易下结论。

关于道德是进步还是滑坡，其实在很多时代，很多人都以不同的方式进行过争论，差不多每一个时代的人都觉得自己身处在一个道德沦丧、世风日下的时代，中西方思想史中基本上每个时代的人也都说自己的时代道德在消亡。但这要看你讲的是什么样的道德，如果把道德作为一种现象去观察的话，道德是以某种形态存在的，它不可能消失，但它在变革、在发展，在由一种形态变成另外一种形态。当然，有些变革在某种意义上讲是进步的，而有些变革是有问题的。

记：您觉得现在大学生的道德存在的最大问题是什么？

檀：当代大学生身上存在很多问题，就像你刚才说的诚信的问题等。这不单是中国的问题，日本、美国的情况也有类似之处。但是我觉得，现在中国大学生的一个很大的问题是，相当一部分人是没有动力的，他们没有人生目标和社会理想，这比没有诚信要可怕得多。

我的孩子现在正上大学二年级，我和他讲一些道理的时候，我认为那些都是很正常的想法，但他觉得，"我们没几个人是像你这样想的"。我讲一个最简单的道理，也是大道理，但大道理未必是假道理。比如说你要为国学习，这是个大道理，但不是假道理。因为任何普通人都是有国家的，你在这个国家发展中所起的作用是正数还是负数，就是为你的国家加一点还是减一点的问题，实实在在。你努力学习、工作了，国家就会加一点，哪怕只是 0.001 都没关系，总比负数强啊。这是很真实、很朴素，也很简单的道理，但是很多大学生不信。还有一些人没有什么理想。如果你不想为国家、为社会奋斗，那为自己奋斗也可以吧！但他也不想。"这没必要呀，混混就行了呀。"很多人有这种想法，我的学生也有。他们在谈到这个问题时说："老师我不能和你比。"我特别生气的就是，我也不是什么了不起的人物，你怎么就这点出息都没有？一个普通人都不敢、不能超越，你还能超越谁啊？他们很多人想的都是很实在的东西，最好是用最低的成本拿一个文凭，换一份工作，投入很少还能赚很多钱。这是我认为现在的大学生存在的最大问题。

**记**：理想被日益地消解，越来越功利化，您觉得造成这种情况的原因有哪些？更多的是个人的原因还是社会的原因？

**檀**：当然有社会方面的原因。首先是与市场经济发展有关系的。市场经济强调物质需求的一面比较多，它所带来的负面作用是非常突出的。比如没出息、没有追求和理想、功利化、利己主义，这些在西方国家的情况也是一样的。个人主义和利己主义与市场经济的假设往往是配套的，市场经济追求的就是个人利益最大化、利润最大化。很多国家到了近当代市场经济发展起来以后，极力地演绎着个人主义。从消极方面来讲，个人主义走向极端所导致的利己主义的东西会增多，这个都差不多。因为市场经济社会是物质化的社会，物质化的社会往往是越来越俗气的，无论你怎么评价，很多时候整个社会大众的美丑观和审美趣味都是在降低的。

但是，市场经济带来的正面的东西也不少，对于大学生也很有影响。比如现在大学生的公平意识明显增加，权利意识空前提高。这就是进步啊！因为中国这个社会是不太讲权利的，中国的封建社会时间太长，而公民教育里面最重要的一块就是权利意识的培养，这点是明显进步。还有一个是效率问题，效率观是现代人非常重要的一个观念。所以，市场经济所带来的积极的方面还是有的，只是这些往往不为媒体所关注罢了。

另一方面大学生的这种没有追求和理想、缺乏斗志的问题也与我们国家一个家庭只有一个孩子有关。独生子女的生活条件普遍很好，不像我们这一代人，童年是很苦的。有时候很奇怪，越是贫困的状态，人的斗志越是高昂。

此外也有教育方面的因素。无论是家庭教育还是学校教育，都应该引导学生有更高的追求。


## 如何有效进行高校道德教育


**记：**说到道德教育，您是研究这方面的专家。据我了解，现在很多大学生对学校的道德教育存在逆反心理，您认为什么样的道德教育比较有效？

**檀：**道德教育和其他教育相比，尤其有一个有效教育的问题。我观察过全世界的德育，如果要找出德育效果不好的原因的话，基本上是两极，一极是东方国家长期采用的模式——强制灌输。老师就是对的，学生只有听的份，我们称之为绝对主义或者强制灌输的道德教育。另外一极是相对主义，某些西方国家和某些道德教育的模式采取这样的立场。相对主义认为道德是个人的事情，是家长的事情，学生应该采取什么样的道德立场，应该通过他自己的探索去完成，学校和老师不能以任何形式进行干预，我们称之为放任的、自由的或者相对主义的德育。

这两种德育模式的效果都不好。强制的德育、绝对主义的德育导致普遍的逆反心理，效果不好。西方是把太多的自由给予学习对象，但实际上学生面对五花八门的价值观念往往不知道该选择什么，学校如果不采取任何干预的话，就会导致一个非常自由但是非常危险的局面。可能学生会选择一个成人社会认为是错的或者干脆是反社会的立场，这也是比较麻烦的。所以，这两种德育模式都有麻烦。

我们要找到一种恰当的形式去实现我们所说的道德教育。我的德育理念是把道德教育妥善地处理好，既能够让学习者有学习的主动性和创造性，同时又可以把教育者希望传达的价值观念和规范教育在比较有趣、生动的过程中高质量、高效率地传达。

**记**：请您谈一谈我国目前高校的德育状况及存在的问题。

**檀**：其实道德教育的重点不是在高校，但我也关注高校这一块，加上我是个大学老师，无论从研究者还是当事人的角度都可以谈一些想法。

我个人认为，现在大学的道德教育是"三缺"。一缺基础道德教育，虽然这个不是大学德育的重点，但是我们的基础教育在这方面有问题，大学教育就应该补上这一课。二缺公民道德教育，作为一个公共生活中的人，尤其是将来作为政治生活中的人，大学生应该有哪些责任、义务和权利？现在很多社会生活、政治生活中的问题产生的很重要的原因是公民的权利、责任意识不够。三缺职业道德教育，不同的专业要进行不同内容的职业道德教育，如新闻道德、教师职业道德等。与其在大学里笼统地开设大学生思想品德课，不如具体地讲一些问题。

**记：** 那么，您认为怎样才能更有效地开展大学道德教育？

**檀：** 目前大学道德教育存在这样几个问题。第一是政策的问题。德育政策不是本着唯物主义、实事求是的精神制定的。大学生、中学生都有逆反心理，这个大家都知道，所以就不能用过多的强制性的方式去进行德育，这是个最简单的常识性规律。但是我们现在出台的很多加强德育的文件，统统是强化这一块的。比如说，我们一直在增加德育的课程，可是增加得越多，学生反而越反感。同时，用增加课程的方式，并没有增强学生的道德品质和政治素质，结果往往是相反的。在大学德育课程设置上，我认为应该更灵活些。比如采用选修课的形式，让学生任选其中的几门，这样一来，学生的排斥心理小一些，任课老师也会有压力。其实，任何一门课都能讲得很出彩，比如说毛泽东思想、邓小平理论、"三个代表"，如果把它们作为研究性的对象去讲，和学生去讨论、探索，学生的兴趣和接受程度会好很多。比如把一些固定的课程变成专家讲座，对大学生的吸引力就会增加很多。与其空讲我们国家多么美好，不如让外交部的人讲讲我国外交的发展，让经贸部来讲一讲这几年我国经济贸易的发展情况，在国际上的排名提高了多少，他们会有很多很生动的东西可以讲。现在很多德育课程形式过于死板单一，教学方法不够精细，不可能有活动和太多的讨论分组等，也让很多学生产生一种逆反心理。此外，采用全国统一的方式我认为也值得商榷。可以采取统一教材的课程标准，但是应该鼓励老师用自己的教材、根据自己的切身体会去上课。你想，按照自己的教材讲课和按统一的教材讲效果会一样吗？教材应该多元化，老师上课时还是要有自己的风格。我认为，改变一些道德教育方式，对于改进我们的高校德育应该是会有帮助的。

记：除了上面的这些，您觉得在提高高校的德育实效方面，还有哪些需要改进的问题？

檀：有一个问题，就是德育专业化的问题。高校的德育工作者应该提高教育的专业化程度。教育专业化是目前对所有德育工作者，尤其是大学的德育工作者来说最重要的东西，但是现在他们没有注意这一点。教育家和某个学科的专家是不同的两个概念。学科教学，只要是这个领域的专家，就可以担得起。如果我是一名数学教师，只要我是对的，那么你即使反感我，你也会认同我讲的"1+1=2"。但德育是思想、价值观念改变的问题，即使我是对的，只要我讲得不对，说话方式不好，对的也不行。对德育科学、德育专家必须有全面、正确的认知。政治学、伦理学的专家如果缺乏教育、心理方面的专业知识，对于德育工作来说就还是远远不够的。因为现在除了讨论要进行什么样的教育的问题，更多地还要讨论如何安排合理的东西、如何有效地进行教育的问题，而对青少年、大学生的品德心理及其教育过程研究最多的，不是搞伦理学、政治学的，而是搞教育学和心理学的，所以我认为今后要高度关注教育、心理学领域的德育研究者，至少这两个方面同时关注。不要像过去一想到德育专家，就是某个伦理学家、政治学家，有的还是极老旧的那种。

我们现在进行道德教育是对的，但是怎么进行？这是一项社会工程，各个方面都要支持。除了老师有责任，家长也有责任，媒体和政府也有责任。大家都能关心道德教育，道德教育就是大有希望的。

［本文曾以"大学道德教育的改进之道——访北京师范大学教育学院教授、博士生导师檀传宝"为题，发表于《中国大学生就业》2005 年第 24 期。本次出版时略有修改。］

# 理想生活
## 与生活教育

　　2006 年 3 月 19 日，一个星期日的上午，在北京师范大学的"社会科学讲坛"上，作为教育学院的教授，我在给全校大二学生们的演讲中再次提到了我一直想表述的一个观点，那就是：人生不可以没有理想，理想不仅是构造未来生活的工具，而且是当下生活的样式与状态。

　　演讲结束后的第二天，一位同学给我发来了一封感情真切的电子邮件。其中有一段是这样的：

　　　"人是应该有梦想的。"这是从小就树立的信念，可是现在的我却丢掉了它。因为我向梦想的包袱里塞入了太多的奢望、渴求和贪念，以至于它太过沉重而让我无力负担，最终不得不趴下妥协。可是我忽视了"人应该有理想"后面紧跟的一句话——梦想是一种生活状态而非一种工具。就好像天上的云彩，虽然我们永远无法触及，可是依然可以在它的点缀下，尽享蓝天的纯美。正值青春年少，有资格也有责任去为自己托起一轮理想的朝阳。如果连这个都做不到，那所谓的青春也就不再青春了。过去总是会以各种看似独特新颖的见解去说服自己放弃应有的坚持，殊不知这些肤浅荒唐的想法往往使我在大是大非面前失去了辨别的能力。但是我想，今后的我，不会了！"人生应该有理想，人生应该有规划，人生应该有色彩，人生应该有分量"，而我正重新整装待发，迈出新人生坚实的第一步……

这封电子邮件再一次激发了我关于理想生活和生活教育的一些断想，于是有了下面的思绪。

（1）人应当过"有理想的生活"，或者说，"人是应该有梦想的"。我以为，理想就是我们头顶湛蓝的天空。没有蓝天，世界就黯然失色，而没有理想，生活就不再鲜亮。对于青春年少的孩子们来说就更是如此，没有蓝天的青春只能是灰色的、抑郁的、没有质量的，甚至就不是青春。现代青少年生活中出现频率最高的词汇之一是"郁闷"，这实在是悲凉和令人揪心的事情。

（2）理想是真实生活的构件与状态。世界由天空与大地组成，人生由理想与现实交织。理想不仅是生活的必需，而且理想本身就是一种生活。那些有理想的人其实是正在幸福生活的人。现代生活最大的悲哀就是"梦想的包袱里塞入了太多的奢望、渴求和贪念，以至于它太过沉重而让我无力负担"。因此，真正的生活教育应当帮助学生减轻负担、还原梦想。

（3）理想生活的教育是"色彩"加"分量"的教育。有梦想的生活必然是仰望蓝天或者星空的生活。所谓"色彩"就是人生的浪漫、感性与生动；所谓"分量"就是生活的品位、理性与价值。失去色彩，就没有人性的生动；失去分量，生活就只有肤浅与浮躁。因此，没有色彩的生活与没有分量的生活同样都是残缺的。如何教育我们的孩子和如何让我们自己同时拥有色彩与分量，是生活教育的最大课题。

（4）理想生活的教育应当是现实性的生活。天空并非虚无，天空与人生的地平线连接在一起。真实的人生就是从一条地平线向另外一条地平线的行走。因此，天空、地平线、行走都是重要的。没有对天空的仰望，就没有梦想，没有一切。没有看得见的地平线，就没有规划，没有前进的方向。而没有行走，就没有生活实践，没有梦想对于生活的实质意义。所以，"人生应该有理想，人生应该有规划"，还要加上"人生应当有具体的努力"。生活教育应当让人们在教育中不仅获得理想，还有实现理想的勇气、能力与策略。

演讲总有结束的时候。生活与生活教育却要永远延续。但愿有更多的人通过生活教育"重新整装待发，迈出新人生坚实的第一步"！

# 经济教育
# 与道德教育

## ——兼论学校德育如何适应市场经济

改革开放，特别是国家确立发展社会主义市场经济以来，学校教育，尤其是学校德育如何适应社会经济生活就一直是教育理论和实践必须面对的时代课题。

2003 年 11 月，《德育报》记者曾经在一次专访中就某市教育委员会在中小学生守则中删去"勤劳""节俭"两德目征求我的意见。我没有任何犹豫就坚定地回答："这种做法肯定是错误的。"因为虽然随着知识经济、市场经济时代的到来，"勤劳""节俭"等德目的伦理内涵肯定会有"与时俱进"的调整，但这些仍然是古今中外学校德育都应该培育的基本美德。就是说，虽然脑力劳动的比重在不断增加，但勤劳仍然是任何社会健康发展的根本；虽然必要的消费对于现代经济意义重大，"新三年、旧三年、缝缝补补又三年"的节俭观已显过时，但是节俭这一美德本身对于当代市场经济社会的重要意义也前所未有地凸显出来。

由许多类似问题诱发的根本性思考是：到底应如何看待经济生活

与道德教育的关系？道德教育必须坚守的底线在哪里？或者，学校德育应当如何适应社会主义市场经济的现实？

我认为，要正确处理经济生活与道德教育的关系，我们至少应该确立以下三个重要的教育命题。

## 高度重视经济教育

教育、德育与生活的联系，当然包括教育与经济生活的关系。一个人如果没有基本的理财能力，就只能听任自己的劳动所得为通货膨胀等白白侵蚀。这不仅是个人生活的悲哀，也是一种社会公正的丧失。因此，如果我们的孩子对社会经济发展、个人经济生活一无所知，"财商"低下，他们幸福生活的能力又怎么可能是健全的？在当代社会，好的教育、好的德育都必须高度重视经济教育这一时代课题，并予以正面、切实的回应。

这里所谓经济教育，包括两个方面的内涵。

一方面是价值性较弱的领域——经济学知识的教育。银行、股票、债券等基本上与其他文化课程没有实质区别，因此并不具有直接德育的性质。但即便如此，这类经济教育仍然十分重要。毕竟，经济不仅是社会发展的基础，也是个人幸福生活的重要基石之一。没有基本经济学的学习，就等于放弃对社会经济生活秩序建构的现实发言权和经济生活的行动能力，这对于健康的德育来说也绝非好事。因此，从小学开始讨论零花钱、压岁钱的使用，一直到高中对经济学的系统学习，都是十分必要的教育安排。

另一方面是与价值直接相关的经济教育。这方面又可分为两个维度。一个是经济学的宏观伦理维度，比如发展经济学所关注的"有增长无发展"的课题。在就业、市场、生产、分配等每一个环节，都存在大量的社会正义和个人权利捍卫的任务。如果教育者缺乏应有的与经济学有关的价值、见识和行动，学生的发展必然残缺。另一个是个人经济生活的伦理维度。一个人生活在市场经济时代（比如在市场里与小贩讨价还价以求价格公道）既要有足够的智慧，又必须在赈灾募款时毫不犹豫、挺身而出。这两个方面的教育都是严格意义上的道德教育。

简而言之，理财能力的培育，应当与正确的经济正义意识、正确的价值观、正确的财富观等一并成为经济教育的有机组成部分，而正确的价值观、财富观等也是当代德育应该特别关注的重要命题。以下有关"富的教育"的命题，正是从这一维度进一步展开的。


## 努力强化"富的教育"


明确提出"富的教育"命题的是日本教育家小原国芳。

小原国芳曾经明确指出："人类文化有六个方面，即学问、道德、艺术、宗教、身体、生活等。学问的理想是真，道德的理想是善，艺术的理想是美，宗教的理想是圣，生活的理想是富。教育的理想就是创造真、善、美、圣、健、富这六种价值。"[1]小原国芳大力倡导"富

---

[1]［日］小原国芳.小原国芳教育论著选（下）［M］.北京：人民教育出版社，1993：2.

的教育"，不仅基于其"全人教育"的理想，而且基于其对教育现实的敏锐观察和批判。他特别强调："日本教育上的可怕缺点，就是为富而富，为赚钱而办教育，以及陷入物欲奴隶的惨状。被世界侮为经济动物。"因此，"富的教育"所要强调的是"不是为富而富，而是为了支持尊贵的四个绝对价值（真善美圣）并使之发挥和弘扬之富"①。

小原国芳的"富的教育"涉及面非常广，但最为核心的是有关富的意义、产业的"宗教化"、爱国心、劳资协调、职业生活意义等方面的教育。这些内容中最为根本的，我认为是富的意义的教育。因为企业精神、爱国主义、劳资协调、敬业精神培育等都是富的意义的具体实现。

而在当代中国，从社会主义价值观出发，我认为"富的教育"的实质，应该是劳动价值观念的再确立。社会主义价值观的核心内容应该是"劳动创造价值""劳动光荣""不劳动者不得食"，等等。以上价值观在新中国成立后曾经是学校德育的核心内容。可惜的是，随着市场经济时代的到来，资本、交换的意义空前凸显，而劳动价值逐渐褪色，学校德育已经渐渐在这一领域弃守了阵地，一些我们过去所不齿的错误的价值观念悄然复辟。在今天中国的日常生活中，贫穷已经成为一种当然的罪恶，嫌穷爱富、为富不仁已经成为理所当然的现实生活逻辑。造成这一局面的，除了社会原因，另一个重要因素就是教育的病态。比如当今的学校生活除了有意无意传播"没钱就是没本事"的片面价值观念之外，劳动的价值，尤其是体力劳动的价值已经

---

① ［日］小原国芳 . 小原国芳教育论著选（下）［M］. 北京：人民教育出版社，1993：34.

完全被教育忽略。偶尔为之的"劳动教育"已经蜕变为手工的学习、身体的锻炼、枯燥学习生活的调剂，等等。劳动教育中最核心的东西——劳动价值观教育，早已不见了踪影。这一学校和社会教育的共同作用的结果就是：地沟油、毒奶粉等不择手段的现象大量滋生，不以为耻、反以为荣的富二代炫富现象比比皆是，普通劳动者的子女学习的最大动力竟然是不再像父母那样作为劳动者辛苦劳作一辈子。可以毫不夸张地说，无论是富有者还是贫穷者，许多人的现实生活都已经因此失去了意义与方向。

由上可知，小原国芳有关富的教育的思想不仅对于经济起飞时代的日本教育与社会极具价值，对于滞后发展几十年的当代中国社会而言也具有振聋发聩的意义。以劳动价值观念的再确立为核心目标的德育使命的回归，乃是德育回归生活的最重要内容之一。

## 自觉承担道德教育的超越使命

与富的教育欠缺相对，关于经济学知识的教育在中小学教育实践中的比重正逐渐加大，这当然是由于实际生活的需要，也是健康教育对于生活的积极回应。但是，在处理道德教育和经济教育的关系时，一个最重要的原则应该是：充分关注道德规则和经济规则的本质区别。

人类在处理各种利益关系的时候使用不同的准则。道德准则和经济法则是最基本的规范尺度，但是二者也是极易被混淆的。比如，很多人主张学校德育要适应社会主义市场经济的需要，这本来是对的。但是这一说法往往会被误解为只要教育儿童在生活中一味服从经济规则就可以了，而正常的道德要求常常被指责为搞"假大空"、唱高调。正是因为这种思想影响，一些地方才在前几年简单地将"勤劳""节俭"等基本德目从中小学生守则中剔除。小原国芳"富的教育"的思想——既要教会学生努力创造财富，又要教育学生正确对待财富，有正确的财富观等教育主张——其实是倡导回归一种正常的教育（或正常的德育）。"富的教育"实质上是要让学生能够更好地驾驭财富，让财富帮助他们而不是毁了他们。因此，如何在逐步走向富裕的生活中把握好自己，是经济教育和道德教育应该共同关注的课题。但倘若将二者等同或混淆，就极容易陷入"道德教育即经济教育"的思维陷阱，这样就在无形中消解了德育的存在。

经济规则和道德规则的本质区别到底在哪里？形象地回答，经济规则遵循的是拔河原则（利己，将利益拉向自己），而道德规则就像是中国南方地区的游戏"抵棍子"（利他，将利益推向对方）。经济规则讲究使自己的利益最大化，人们在寻求各自利益最大化的博弈过程中调整自己和他人、个人和社会的关系，通过博弈达到利益的平衡，但它的出发点是利己的。而道德规则在调节人际关系中却始终是超越利益或者利他的。用限制自己甚至利他的超越利益的方式解决利益冲突，完成利益的分配和平衡乃是道德规则的特点。打个比方，在父子两人都口渴，但只有一杯水的情况下，如果按照经济法则，就是父子俩像动物一样抢夺那杯水，最后两个人抢不动了，结果可能是一人喝一半——这就是经济生活的法则。在完全经济的博弈中，没有父子之间应该有的伦理，所以我们才会说他们"父不父、子不子"。而正常的父子伦理当然是父慈子孝——父亲将水推给儿子，儿子推给父亲，推到最后也可能仍然是一人一半。结果虽完全一样，但是调整利益关系的方向却是与经济法则完全相反的。

在现实的教育生活中，对于所有个体和社会而言，我们需要的是经济规则和道德规则的统一。经济规则缺失，个体虽然具备了某些道德品质，却可能会丧失道德行为的实践能力基础。因为做一个道德的人并不是单单具备道德品质就足矣。过去批判没有济世之才的腐儒最后常常只能"临危一死报君王"，就是这个道理。而仅仅服从经济规则的生活，则一定会导致生命质量的降低，产生心理学家马斯洛所说的"超越性病态"，即一个人的生活富裕到一定程度以后，如果没有相应高一级的道德追求和其他真善美的追求的话，就会失去生存的意义感，就会感觉生活寂寞、枯燥、无意义。这也是导致许多物质生活条件很好的富有阶层人士自杀的原因之一。

德育唱高调固然是不足取的，我们也曾经吃过实实在在的苦头，但是现在学校德育面临的问题是我们的德育一直在唱低调——常常对社会的负面道德现象保持缄默，同时将仁爱、诚实、勤劳、节俭等基本、传统德性的培育误认为唱高调。这当然是非理性、非专业、不负责任的教育观念。须知，道德教育固然要"从天上回到人间"，但是回到"人间"绝对不是回到"狗间"[1]！

总之，超越性是道德教育不可缺失的本质。若我们把道德教育等

---

[1] 这里的"狗间"一词只是为求行文生动而作的隐喻，而非脏话。

同于纯粹的经济学规则的教育，道德教育就有被完全消解的危险。从社会分工的角度看，人们视学校为社会的良心，教育的使命就是要使人格健全、提升而非片面、沉沦。没有超越性，就没有道德生活，也没有完整的人的生活；没有超越性，道德教育更会失去存在的理由。学校固然不应该脱离实际生活（包括经济生活）太远，但是"德育回归生活"命题本身也要求学校教育能够实事求是、理直气壮地在社会生活中弘扬正气、培育良知。

一句话，学校德育适应经济生活的最重要方式之一，正是自觉承担道德教育的超越使命。

以上三点是我对于学校德育如何适应市场经济的基本回应。除了上述观点的实质阐述之外，最后我想以一个方法论的反思作为结束语。

当我们说教育要适应生活、道德教育要适应社会主义市场经济的时候，我们一定要清醒地认识到，适应的含义有静态、动态两个方面。静态的适应，是指我们要依据现实生活的状况去制定道德教育的目标、内容、方法，等等。否则，道德教育必然因脱离生活实际而陷入假大空且实效低下的泥淖。而动态的适应，则是要前瞻性地看待生活，避免刻舟求剑式的虚假适应。这就是说：德育之适应市场经济生活本身，就意味着教育必须采取道德的方式、超越的方式。静态的适应要求学校教育告别羞于言利的陈腐思维，直面经济生活的实际需要，提供充分、全面的经济（学）教育；而动态的适应则要求学校教育同时注意开展"富的教育"、自觉承担德育的超越使命，等等。静态、动态两个维度互相诠释、缺一不可。因此，本文所论述的三大命题其实是试图表述对学校德育如何适应市场经济问题的完整回答而已。

[本文曾以"经济教育与道德教育——兼论学校德育如何适应市场经济"为题，发表于《中国教育学刊》2012年第7期。本次出版时略有修改。]

# "取法乎上"的
# 德育策略

—— 市场经济时代的价值选择

市场经济的健康发展给社会与教育的发展带来了许多正面的价值推动，比如效率观念、时间观念以及诚信、公平、正义观念的建立等等，但其负面影响也是不可低估的，拜金主义、好逸恶劳、格调低下等现象在中国社会屡见不鲜，原因就在于市场经济本身刺激人的低端需求、物化人格的某种性质。中国社会在发展社会主义市场经济过程中必须扬长避短，确立"取法乎上"的价值战略。具体说来，我们要做的工作主要有两条。

第一条是积极培育成熟的市场经济所必然要求的基本价值，比如诚实、守信、公平、效率等观念。在一个成熟的市场，没有诚实、公平等价值和规则，连一笔基本的买卖都做不成。因此，诚实、守信这些中华民族的传统美德，不仅是现代社会要求每一个公民应具备的基本品德，也是全人类的普世价值。即使仅仅为了发展社会经济，基本道德教育也是必然的选择。河北农业大学 1993 级（1）班 26 名毕业生 15 年坚守一个朴素而伟大的承诺，资助病逝同学的父母，就是诚实、守信的最好榜样，值得大力宣传与学习。

第二条就是积极弘扬超越市场经济负面影响的崇高价值，如爱岗敬业、无私奉献、社会正义与世界和平，等等。如果没有与市场经济对抗的力量，社会就会物化、异化，许多人都会产生像马斯洛所说的"超越性病态"，生活寂寞、枯燥、无意义。一个"穷得只剩下钱"的个体和社会都是可悲和不幸的。如今，许多社会丑恶现象不仅发生的频率越来越高，而且往往十分高调，不以为耻，反以为荣，成为某些人博取媒体和公众的眼球，从而名利双收的生活哲学。如果我们不在价值发展的战略上采取"取法乎上"的战略，我们的社会就会遭遇越来越多的沉沦。河北农业大学 1993 级（1）班 26 名毕业生坚守的不仅是简单和朴素的承诺，更是人间大爱，是超越、奉献的崇高精神。

他们的事迹已经感动了很多人，宣传他们的感人事迹是我们实施"取法乎上"的价值战略，倡导大爱诚信的中华传统美德，追求崇高的时代精神的良好方式。我们希望教育媒体多做道德表率的有效传播，推动社会与教育发展格调的不断提升。

［本文曾以"檀传宝：确立'取法乎上'的价值策略和教育策略"为题，2011 年 4 月 9 日发表于中国教育新闻网。本次出版时略有删改。］

# 做与学：德育的活动模式
# 与青年志愿者行动

　　美国著名教育家杜威说过："细心考察一下学校教育中永远成功的教学方法，无论是算术、阅读、地理或外国语的教学，将会表明这种教学方法之所以有效，全靠它们返回到校外日常生活中引起思维的情境。它给学生一些事情去做，不是给他们一些东西去学；而做事又是属于这样的性质，要求进行思维或者有意识地注意事物的联系，结果是他们学到了东西。"[①] 杜威反对以学科为中心，将学科分得过细，忽视学生的学习兴趣与经验，也同实际生活严重脱节的传统课程，主张使学校教育满足学习者当前的兴趣和需要，以学生的经验与活动为中心组织课程。这就是著名的活动课程德育模式。杜威提倡和实验过的活动课程模式产生过世界性的影响。活动课程由于不能使学生很好地掌握系统的科学文化知识，不能使儿童按部就班地学习，曾经受到过广泛的批评，其发展势头在 20 世纪 50 年代以后曾一度受到抑制。但 70 年代以来，由于社会发展的需要（对人的创造性），也由于哲

---

① 赵祥麟，王承绪.杜威教育论著选［M］.上海：华东师范大学出版社，1981：182.

学、教育学和心理学的发展提供了更为扎实的价值与科学的基础，活动教育模式的理论和实践探索又重新活跃起来。德育的活动模式在当代学校德育中已经成为与学科课程并列、互补的，以活动为重要内容的教育形式。

德育的活动模式对道德教育十分重要。活动对德育的意义可以从以下两个大的方面加以说明。

## 德性的本质是德行

亚里士多德说过："我们做公正的事情才能成为公正的人；进行节制，才能成为节制的人；有勇敢的表现，才能成为勇敢的人。"[①] 一句话：只有在德行或道德实践中才能修养德性。正是因为这一点，伦理学才被称为"实践哲学"（practical philosophy）。虽然伦理学从历史形态上已经经历过规范伦理学、实证伦理学和元伦理学等阶段，但是迄今为止，伦理学仍然是一个以规范伦理学为主流的实践学科，原因就是"它研究实践或行为"[②]。所以，离开道德实践活动，我们就无法在真正意义上讨论或学习道德问题。

从以上前提出发，道德教育只能将道德活动作为实现教育目标的最重要的手段。因为道德教育的最终目的是使学生实践道德。杜威指

---

① ［古希腊］亚里士多德. 尼各马科伦理学［M］. 苗力田，译. 北京：中国社会科学出版社，1990：26.
② ［美］弗兰克·梯利. 伦理学概论［M］. 何意，译. 北京：中国人民大学出版社，1987：4.

出："从别人那里听来的知识也许能使人产生某种行动……（但）这种知识不能培养个人的主动性和使他忠于他人的信念"，而"在一个有目的，而且需要和别人合作的作业中所学到和应用的知识，乃是（真正的）道德知识，不管有意识地把它视为道德知识，还是无意把它视为道德知识"。① 我们可以这样认为：如果说活动模式在学校教育的其他领域中还有一定局限性的话，那么在道德教育这样一个特别需要实践活动的学科中，活动模式则具有较大的优势，尤其是在我们不把它绝对化的条件下。有人认为，"在整个学校的大德育课程中，其主要部分与主要性质或主要的德育课程是实践性的"，所以应当"是活动性课程或实践性课程"。②

## "活动"的德育意义

活动的德育意义或功能主要有三个方面。一是道德活动可以使道德知识"活化"。道德教育有认知性的教育成分，所以学校德育中学科课程的存在是合理的。但是，德育学科课程所传授的道德知识本身是一种实践智慧，来自道德生活。道德教育的真正效果，只能在将个体的道德生活的直接经验与这一社会文化中的道德智慧相结合的形式中取得。道德教育的另外一个重要维度是道德实践的策略传授。就实

---

① [美]杜威.民主主义与教育 [M].王承绪，译.北京：人民教育出版社，1990：372、373.
② 魏贤超.现代德育原理 [M].杭州：浙江大学出版社，1993：105.

践策略而言，离开道德活动是不可思议的事情，就像离开游泳实践不可能学会游泳一样，道德实践能力提高的唯一途径也只能是道德实践活动，即只能使学生回到活生生的道德生活中，在实践活动中学会道德交往与实践，在责任承担中建立真正的责任意识。二是道德活动可以使道德学习的动机得以增强。动机固然是行为的起点，但反过来，行为也可以增强活动的动机。道德学习的动机可以说有两个方面：一方面是作为整体的人类的动机，另一方面是个体道德行为的具体动机。从发生学意义上说，道德规则之所以必要，在于其对人类社会发展的必要。个体只有在社会性特征明显的道德实践活动中才能发现这一必要，进而寻找到道德生活的现实与历史的根据，建立起真正的道德信念。同时，道德生活对个体道德情感的调动，对个体不同行为的奖惩都会影响动机的强度。所以，每一个具体的道德动机也只能通过具体的道德生活才能发现、增强。而生活体验是道德动机增强的有效策略，因此，活动模式是道德价值与规范教育避免教育异化的唯一出路。三是道德活动可以增进道德学习主体的自我教育。最高形态的道德教育应当是一种无教之教，而形成无教之教的唯一途径是形成学生的自我教育机制。如果道德教育只限于课堂讲授，则学生学习道德知识可能只限于一般的思辨。而道德自我教育的重要要求之一是学生能够将自己作为对象，时时反省、改进和提高。在道德教育中安排适当的活动，可以使学生在道德实践中获得自我反思、评价和学习的机会。因此，活动对于自我教育的意义也是十分重大的。

由团中央发动和组织的"青年志愿者行动"已经成功地实施了八年之久。到目前为止，已经建立了中国青年志愿者协会及 35 个省级协会、24000 个社区青年志愿者服务站，参与"青年志愿者行动"的青年已达 8000 余万人次。"青年志愿者行动"不仅在扶贫开发、社区建设、环境保护等社会公益事业中作出了巨大贡献，在弘扬"奉献、友爱、互助、进步"的志愿者精神，促进社会主义新型人际关系，实践社会主义道德理想等方面也发挥了重要作用。其意义不仅在于为精神文明、物质文明建设作出了突出的贡献，为推进社会发展、提供社会救助创造了与政府行为并行和相互补充的有效途径；从教育学的角度看，或者对于学校德育和对广大青年的思想道德教育来说，"青年志愿者行动"最重要的贡献在于：一是为学校与社会德育实际效果的改善提供了非常有意义的、具有可操作性的思路，二是形成了一个与常规学校德育工作相互补充和促进的有益的教育机制——以"做"促"学"、"做"与"学"相互促进的机制。这些也是"青年志愿者行动"成功的奥秘所在。我们坚信，"青年志愿者行动"必将在新世纪不断取得新的成就。

　　［本文是作者 2001 年在团中央"青年志愿者行动"纪念会议上的发言。本次出版时略有删改。］

# 高低与远近

——对于"德育回归生活"的思考

陈素平老师的《我们的教育真实吗》与穆文红老师的《莫非，孩子患上了"恐高症"——对一堂品德与社会课的追问》让我十分感慨。因为这两篇文章恰好涉及近年中国德育在"回归生活"时面临的两个重要问题。

## 高与低——生活之真的认识

近年，中国德育改革过程中一个具有进步意义，同时也遗留问题颇多的命题是"德育回归生活"。总体上说，中国大陆地区的德育，尤其是中小学德育回归生活的努力，是对一直以来广泛存在的德育"假大空"问题的重要矫正。但首要的问题在于什么是生活，德育或者全部的教育要回归什么样的生活。这就涉及"什么是生活之真"的问题。

就像人既有生物属性也有社会属性一样，人的生活既有物质生活也有精神生活，人的需要既有基本生活的需要，也有真、善、美等高层次的需求。当我们用后者否定前者、抑制前者的时候，就会出现"礼教杀人""假大空"等问题。德育的"唱高调"由于远离生活之真，故而会导致德育实效低下、师生日常德育生活质量降低等问题。但是，当我们用前者否定后者的时候，问题同样糟糕。因为当人们否定人性中所有高尚、善良的可能时，生活就回归到了赤裸裸的欲望阶段，那显然也不是真实的人性和人的生活。这样的生活会让我们感到枯燥、寂寞、无聊、无意义（心理学家马斯洛称之为"超越性病态"）。在物质生活日益丰富的今天，我们更缺乏的往往是理想、信念和对伟大的人格追求，等等。德育活动也一样，当我们没有任何超越性要求的时候，德育的真义已经不复存在。

《我们的教育真实吗》反映的问题基本是：当老师一再希望并要求学生相信那些"将来做一个清洁工也很光荣"之类的"美丽的谎言"（因为老师和学生都不一定在内心认可）时，德育就失去了生活之真。教师的教导由于缺乏起码的说服力，实际上已经走向了德育的反面。它无异于教人撒谎，至少是一种无意义的思想灌输。这样的教育既不科学，也不符合现代教育的专业伦理。但是，我们对这一"美丽的谎言"的判断又必须十分小心。清洁工固然薪水和社会地位都很低，但这并不是他们的社会价值与人生价值的全部。我们当然也并不能以此为借口去否定将清洁工作为人生理想的可能与必要。相反，在物质至上的市场经济时代，德育的重要使命之一是要教育我们的孩子认识生活之真的全部：不仅要认识到清洁工作的卑微，认识到其他"更高级"的岗位创造更大价值并获得更高的经济社会地位的可能，而且要让他们了解卑微与伟大的辩证关系，从而能够认真看待人生价值和社会价值的多元性，学会敬重那些伟大的平凡者，以平和、开放、积极的生活态度去评价他人，设计自己的未来。

所以，不是要用教育的"假"去与学生的"真"相对抗，而是要用能够把握生活之"真"的教育去扬弃学生在人生认识上的伪"真"，即对生活的片面认识。当然，这样做的前提是要有足够的教育智慧。比如，我们可以安排适当的活动让学生深入生活，去了解一个清洁工生活的全部，对学生的理想选择保持开放和积极的态度。我们大可不必要求学生在某个具体的时间，对一个具体但是复杂的人生课题匆忙得出一个教育者自认为正确的答案。


## 远与近——教育之路的探索


在对生活作出正确和全面的判断、理解之后，"德育回归生活"这一命题面临的第二个问题，是如何由远而近，回归生活。这是教育活动和德育活动专业化问题的要害。

长期以来，中国教育一直处于"粗放经营"的阶段，教育专业化程度非常低。主要表现之一就在于我们的教师培育——包括职前培养、入职和职后教育与学习——在专业知识结构上存在严重的缺陷。教师的专业知识至少应包括（所教）学科专业知识、一般文化知识或者背景性知识、条件性知识（或教育性专业知识，即教育、心理知识及教育技能等）。但基本上，我们的注意力只放在了学科专业知识这一方面，对于一般文化知识和教育性专业知识则没有给予足够的重视。但是，教师与其他非专业人士的专业区别并不在于对学科专业知识的掌握，教师的专业特质在于能用孩子们更容易接受的语言和其他方式，高效率地完成对孩子的教育。因此，拥有比较广阔的文化知识背景十分重要，这样，我们的教学可以更加丰富，也更有说服力。同时，条件性或者教育性专业知识也十分重要。一个只是抽象地理解儿童的教师，一个不懂得儿童真实的生活及心理需求的教师，一个对应当如何组织知识，将特定的教育内容转化为学生容易理解并喜闻乐见的教育形式知之甚少的教师，无法取得真正意义上的教育实效。

比如，在德育方面，我们固然需要教师对哲学、伦理等学科专业有正确的理解，因为只有这样，教师才能具有对学生进行价值引导的起码的前提，但是，仅仅有这点学科知识对于中小学教师来说还远远不够，教师更大的努力应当放在如何将价值观及道德规范教育融入更广泛、更丰富的文化与生活之中，以便"文化化人"，"生活德育"。更重要的是，教师必须具有进行德育的教育学与心理学知识、具体德育的实践智慧等。

应当说，《莫非，孩子患上了"恐高症"》一文中，进行公开课教学的教师对《可爱的家乡人》一课的处理有很多可取的地方。比如，教师在设计教育活动过程的时候，既考虑到了教师活动，又考虑到了学生活动。这对于习惯单向传授道德知识的中国教师来说，是一个了不起的进步。但问题在于，教师对于学生的理解是抽象的、居高临下的，教师上课的目标是公开课的成功而非学生课堂生活质量的提升，结果是教师的"语言高""素材高""要求高"。穆文红老师关于教师应当"追求教学情感的自然流露""尊重教学实践的自然状态"的建议是正确和中肯的，但问题的关键是如何"追求教学情感的自然流露""尊重教学实践的自然状态"。这恐怕还需要教师具备更具体的教育理念和专业技巧。比如，课前是否应当有适当的预备活动，以激发学生对特定课题进行学习、探究的动机？课程实施过程中，是否应当在准确把握小学生品德发展心理的基础上采取能够引发学习兴趣的语言和其他教育活动的设计？……

总而言之，全面把握生活和回归生活的德育策略都是困难的，既需要我们理性、辩证、综合的判断，也需要我们在争取德育专业进步上的不懈努力。

［本文曾以"高低与远近——对于'德育回归生活'的思考"为题，发表于《人民教育》2005 年第 11 期。本次出版时略有修改。］

第四辑

# 公民教育的
### 鼓与呼

# 公民道德教育
## 之迫切需要

日前，佛山 2 岁幼童小悦悦的离世，引发了社会对于公民道德滑坡的大讨论，以及对于公民教育的全面反思。十几位路人对倒在血泊中的小悦悦无动于衷，让人心寒，也给社会敲响了警钟。当前，我国正处于社会转型期，公民教育该何去何从？就相关话题，《中国青年报》记者专访了檀传宝教授。

**中国青年报：** 有学者发表文章，将小悦悦的不幸去世归结为公民教育的缺失，认为在当下的中国，责任教育、个人德性的培养、人际沟通的教育等都是不够的。您对此怎样看？

**檀传宝：** 缺乏对生命的尊重、对个体的人的尊重是社会精神缺德的重要表征。将小悦悦的悲剧完全归咎于公民教育有失公平，但的确与道德教育缺失和公民教育空白相关。

**中国青年报：** 我们谈论公民教育的时候，很容易把它和公共道德教育混淆，比如在公共场合保持秩序、遵守公共道德等，公共道德教育和公民教育是什么关系？

**檀传宝：** 遵守公共道德只是公民教育的一部分内容。现在一谈公民教育，大家想到的都是国民责任教育。在任何一个社会里，公民都会有国民责任，问题是公民对国家的认同和臣民是不一样的。公民是一个国家的主人，拥有作为国家主人的权利，同时要对这个国家负责，而臣民则只有单方面的责任。

我国封建社会时间较长，对公民社会生活的权利意识呵护不够。所以，我们的公民教育要谈权利和责任的平衡，而不能仅谈责任。如果只有责任和义务，而没有起码的权利，肯定不是现代公民。现代公民一定是权利和义务相辅相成的主体。

**中国青年报：**2008 年奥运会之前，公民教育曾一度引起社会的广泛讨论，许多专家学者也呼吁利用奥运会的契机提高公民素养。但此后，这种呼声却渐渐弱了下去。您能大致评价一下我国公民教育的现状吗？

**檀传宝：**我国公民教育的现状是名与实不符。比如，加强公民意识教育，树立民主法治、自由平等、公平正义的理念已经写入《国家中长期教育改革和发展规划纲要（2010—2020 年）》，但在具体教育政策的实施上，一些部门和个别执行层面的领导干部，对公民教育还没有清醒和全面的认识，在相关理念的真正落实上没有紧迫感和积极性。没有政策和配套措施的支持，政策就很难落到实处。

可喜的是，民间和草根意义上的公民教育正在慢慢兴起。一种是与官方体制衔接较好的群众公民教育，比如奥运会、世博会的志愿者，还有一种是江苏、上海、云南等地的公民教育活动，逐渐引起了广泛重视，得到了更多人的积极响应和参与。

**中国青年报：**在我国，公民教育的必要性有哪些具体体现？

檀传宝：我国社会现在提出的每一个口号都与公民教育有关，如和谐社会、科学发展观等，都是针对需要建立和谐发展、可持续发展模式的社会领域和一些突出问题。尤其是对于群众上访、群体性事件等，各级政府维稳成本非常高，要解决这些问题，就需要贯彻新的发展思路。

我国已经基本建成了社会主义法律体系，法律文本很全，但要想建成社会主义法治国家，还必须有严格意义上的执法者、用法者。同样，随着经济体制改革的进一步深入，如果公民素养不能同步提升，没有辅以合适的公民教育的话，那么改革的道路将会是充满风险的。公民教育的必要性，可以通过观察公民生活的现状得出答案。比如在普通百姓中，有些人的生活态度就是两个极端：平时很沉默，一些问题影响到自己也不声张，认为那是公家的事，与己无关，只做顺民；而一旦出现某些契机，愤怒、不满和不安的情绪就立即暴露出来，犹如火山喷发。这时，曾经的顺民很可能演化成暴民，以伤害自己、伤害社会的方式进行某些所谓的权利诉求，缺少现代公民的理性思维、维权智慧和程序正义等最起码的意识。这些现象就是公民教育不够所导致的直接后果，值得我们深思。

**中国青年报：**有媒体报道，一个老太太多次参加听证会，已经成为听证专业户，凡事都投赞成票，被怀疑是政府请的托儿。听证会上公民意识的缺乏，是不是也和公民教育的缺失有关？

檀传宝：老太太主动参与公共生活是值得肯定的，但她在参与过程中没有批判性，没有行使必要的公民权利和质疑精神，在维护公众参与权、知情权方面没有自己的贡献，令人遗憾。

真正的权利意识不是鼓吹一个人只有权利没有义务，或者只强调自身的权利而忽略他人的权利。实际上，张扬权利意识，必然要强调人与人之间的相互尊重，而在民主和法治的社会框架下合理维护每个人的权利，也是题中应有之义。

健康的权利意识意味着对绝对权力的否定和对政府决策的民主监督。但是，仅仅有社会管理形式上的监督还不够，要对公民意识、法治意识、理性思维、监督能力等基本素养进行培育，头脑简单、形式主义的"举手派"也是公民教育缺失的体现。

**中国青年报：**目前，微博已成为反映各种诉求的热门渠道，您怎样看待微博与公民教育的关系？

**檀传宝：**现在，社会生活中的"小辫子"常常在微博上被揪出来，如果揭露的是真的，某些错误因此得以矫正的话，那么微博就是推动社会进步的一种积极力量。

发微博的人也要有公民素养，既捍卫自己的权利，又要勇于承认接纳别人。一个民主的社会一定是宽容的社会，有不同声音存在才是良好的舆论生态，我们不需要以让对方不存在的方式证明自己胜利。

网络生活好像是虚拟的，但却更真实地表现了实际生活。在网络上议论政治话题的时候，对政治生活没有起码的经验和了解，同样也会犯错误。

**中国青年报：**您认为，公民教育应该怎样开展？

**檀传宝：**从公民教育研究者的角度来讲，我们当然希望尽快改进公民素养培育的方式。从教育的战略上讲，我们不希望总被现实追着跑，我们的教育政策应该有适度的前瞻性。我们真诚地呼吁在现实中实事求是地承认公民教育的必要性，并广泛开展有中国特色的社会主义公民教育。

为此，我建议，积极主动地确立有关公民教育的国家政策，学校的公民教育和社会上的公民教育应予以配合、互相支持。学校的公民教育除了直接开课，还要在学校生活中全面体现。让校园中有呵护权利、鼓励协商、充满民主氛围的环境十分重要，只有这样，才有可能有效培养学生的公民人格。从某种意义上说，对校园生活的改造甚至比专门开课更重要。

［本文曾以"'尊重生命'是公民教育的起点"为题，发表于《中国青年报》2011 年 10 月 27 日第 11 版。本次出版时略有删改。］

# 公民道德三题

　　《公民道德建设实施纲要》颁布以来，中国社会再一次认真地关注道德建设、道德教育。这对于社会主义精神文明建设，对于整个社会的健康和可持续发展都有十分积极的意义。但是，在落实《公民道德建设实施纲要》的过程中，许多人都在问：这次颁布的《公民道德建设实施纲要》与 20 年前提倡的"五讲四美三热爱"等有何区别？本文想从比较宏观的角度，就公民道德建设中的"公民道德"的建设问题谈一些自己的想法。

## 以德治国与公民道德

　　与 20 年前的"五讲四美三热爱"运动相比，《公民道德建设实施纲要》产生的时代背景不同。前者是中国社会从十年浩劫中复苏的产物，而后者则是在建设社会主义市场经济和法治国家的背景下，对以德治国思想的延续。20 年前，中国面临价值重建的任务，需要从最基本的是非、善恶角度澄清问题，进行道德建设。而 20 年后，在物质文明获得长足发展、精神文明建设也取得了较大进步的情况下，中国社会出现了道德滑坡、精神沦丧的混乱局面。在一定意义上，官员腐败、职业道德堕落、公共生活秩序失范等问题已经严重到了触目惊心的程度。因此，江泽民总书记才提出，在加强社会主义法制建设的同时，应当加强社会主义道德建设，以德治国，要进行公民道德建设。

但是，我们不能不考虑的问题是：什么类型的道德与以德治国的联系最为密切？换言之，什么样的道德更有利于实现以德治国的目标？我个人的思考是，在社会主义道德体系的建设中，有关公民政治道德、职业道德、公共生活道德的建设至关重要。因此，我们应当特别关心《公民道德建设实施纲要》中对于公民道德建设的强调。


# WTO 与公民道德


与其他国家相比，不同的人对中国人道德水平的判断差异很大。有人认为"中国人道德水平比外国人高"，也有人认为"中国人道德水平比外国人低"。其实，这两种结论在一定意义上都是正确的。因为如果从血缘伦理、家庭伦理等方面看，中国人的道德水平一直是高的。比如，到目前为止，中国人在赡养父母，对待自己的亲戚、朋友方面一直比西方人更具人情味，更有责任意识。但是如果我们换一个角度看，在遵守公共秩序、尊重共同规则、对不相关人群进行社会关照等方面，我们的确比一些西方发达国家做得差。不久前有一篇文章说：在西方发达国家，连盲人的引路犬都已经建立了主人不在的时候，也要遇红灯停、遇绿灯走的条件反射。但是许多中国人，即使高级知识分子，过马路时闯不闯红灯也往往取决于有无交通警察值班。所以，从这个意义上说，"中国人道德水平比外国人低"又是正确的。

中国已经正式加入了 WTO（世界贸易组织）。作为 WTO 的基本精神理念之一的"国民待遇"原则，在道德上实质是无差异原则。就是说，不管对方是谁，是中国人还是外国人，是自己的亲人还是一个与我无关的路人，在规则面前一律平等。经济法则、法律制度等背后的精神实质其实是伦理精神。中国要富强，要建设成熟的市场经济，就特别需要建立与市场经济相一致的伦理精神。因此，以公民道德为核心的道德建设就显得十分重要和迫切。

## 道德建设与公民道德

中国曾经号称礼仪之邦，中国文化也以伦理精神含量充分而著称于世。中国有良好的道德与道德教育的历史遗产。但近年来，由于市场经济发展所带来的巨大冲击，中国社会既有道德混乱的现象出现，又面临着道德转型的机遇。中国社会的道德建设，始终存在着一个有无可能从血缘伦理、家庭伦理为核心的等级伦理，向一个以公民社会、契约伦理为基础，或者至少包含这一伦理精神的现代社会伦理转换的问题。转换成功，则可以顺利实现中华民族的精神复兴和与之相关的经济与社会生活的进步。反之，中国社会、中国人则可能面临更大的困惑、更大的社会发展和社会生活的损失。因此，在理解和落实《公民道德建设实施纲要》时，我们必须考虑：我们应当本着"缺什么，补什么"的原则，努力加强公民道德建设。

中国社会现代化的任务之一，应当是追求、实现公民社会的建设目标。只有逐步建立公民社会，才有可能为公民道德的建设提供最现实的基础。公民道德的建设可能推动公民社会目标的建立。但是，中国是一个封建社会时间漫长、市场经济很不发达、现代化任务尚未完成的国家。因此，在社会生活方面，加入 WTO、发展市场经济、建设法制社会等的宏观努力十分重要。而对于中国的教育，尤其是中国的道德教育来说，如何在内容体系上体现公民道德教育的精神，在教育方式上更合乎公民道德的伦理精神，是我们亟待研究的重大课题之一，也是时代赋予我们的最重要的使命。

［本文曾以"浅议加强'公民道德'建设"为题，发表于《思想·理论·教育》2002 年第 4 期。本次出版时略有修改。］

# "公民道德的教育"
# 与"公民的道德教育"

## 加强"公民道德的教育"十分重要

近年来，由于小悦悦事件、地沟油事件等一系列社会道德悲剧、丑剧的发生，人们一再呼吁加强公民道德教育。但是公民道德教育的概念有两个基本内涵，即"公民道德的教育"和"公民的道德教育"。前者指的是对作为社会公民身份道德的培育，后者则是指对公民的所应有的全部道德素养的培育。前者具有鲜明的时代特点，后者则具有一般道德教育的性质。

对于今天的中国社会而言，这两个方面都很重要，但相比之下，"公民道德的教育"则更为重要与迫切。对此，可以从历史与现实两个维度进行分析。

历史的维度，实际上也是现代化的维度。从清末民初开始，梁启超、陈独秀、蔡元培等思想家就曾经针对中国社会"有私德、乏公德"的特点大力倡导"公民道德的教育"。人格独立、自由平等、民主法治、积极参与公共生活等公民道德价值，曾经是时代转型期中国思想先驱们最响亮的呼号。但中国封建社会历史久远、自给自足的农业经济所塑造的小农人格，一直是中国人最主要的人格特征之一。虽然我国当代经济建设成就令世人瞩目，现代化的核心目标——人的现代化却远未实现。人们在五四运动前后反复呼吁培育的公民人格，仍然是十分陌生和遥远的教育目标。"小悦悦"、地沟油事件等暴露出的问题，与其说是具体道德的缺失，不如说是中国社会对个体生命安全、个人尊严等现代价值长期漠视的必然结果。因此，胡锦涛同志在党的十七大报告里再一次郑重呼吁："加强公民意识教育，树立民主法治、自由平等、公平正义的理念。"

从现实的维度看，"公民道德的教育"也更显重要。众所周知，市场经济的负面价值影响、现阶段社会制度本身的某些缺陷，以及社会不公所引发的负面情绪等，都成为公民道德缺失的主要推手。一方面，人们在日常生活中往往漠视公共道德、回避社会责任；另一方面，又常常因特定事件而由沉默的"顺民"迅速演变为不信任任何民主、法治程序，甚至公然违背和破坏社会民主与法制精神的"暴民"。近年，群体性事件频发，维护稳定的成本极高，其根源既在于社会制度的缺陷，也在于公民素养的缺失。因此，加强"公民道德的教育"实乃当前促进科学发展、建设和谐社会的极为迫切和重要的任务之一。就教育而言，今天的中小学生就是十年、二十年之后享有选举权和被选举权的中华人民共和国公民。如果我们可以肯定未来十年、二十年中国特色社会主义民主政治将取得更大的发展的话，那么今天的中国教育就必须立即（而不是在未来）迅速地肩负起培养好与未来社会主义民主政治相配套之制度主体的人格素养的重任。因此，无论是对当下的分析还是对未来的前瞻，加强公民教育，包括加强"公民道德的教育"都是我们当前基础教育最重要的使命。

## 努力加强"公民道德的教育"

努力加强"公民道德的教育"，首先需要全社会的努力。就教育系统而言，主要有以下几个着力点。

### 1. 确立中国特色社会主义公民教育的国家战略

"公民道德的教育"是公民教育的主要内涵之一。要加强"公民道德的教育"，就必须对公民教育的概念及其重要意义有理性、清醒和科学的认识。

在胡锦涛同志呼吁"加强公民意识教育"之后，人们不再对"树立民主法治、自由平等、公平正义的理念"的教育说三道四，但是，仍然有一部分对"公民教育"心存疑虑的人一直在硬拗。他们强调，胡锦涛说的是"公民意识教育，不是公民教育"。其实，硬拗者心里必然十分清楚，胡锦涛一定不是说我们只要培育公民意识就够了，而不要培育公民情感和公民的行动能力。胡锦涛在特定语境中所说的"公民意识教育"，当然就是完整意义上的现代"公民教育"。如果我们冷静、负责任地分析中国的社会现状和未来发展，就不应当错误地将公民教育及其重要价值内涵——民主法治、自由平等、公平正义等，与西方、资本主义简单地画等号并心存恐惧。

相反，中国社会应当前迅速、积极地确立具有前瞻性的中国特色社会主义公民教育的国家战略。只有这样，教育系统才能积极、主动地为国家的科学发展、和谐社会建设作出应有贡献。也只有将维护每一个个体的生命权利和尊严看成社会建设、人格修养的最高目标，才可能有真正的"公民道德的教育"，才可能有效遏制诸多具体的社会道德的缺失。

## 2. 采取具体措施积极推进"公民道德的教育"

加强"公民道德的教育"当然应当落实到具体的学校德育课程与活动之中。但除了这些"加法"思维之外，还有两个最重要的维度。

一是"公民道德的教育"如其说是一种学校教育，不如说是一种社会生活。只有学校生活是和谐而非互相排斥的，是民主而非专制的，是有爱心而非冷漠的，每一个学生才可能作为一个受尊重、有爱心、负责任的社会主体成长起来。唯有存在公民，才可能谈公民道德的教育。因此，对"公民道德的教育"来说，学校公民生活的重建比什么都重要。

二是"公民道德的教育"不仅意味着公民道德的加强，而且意味着全社会合乎道德精神的教育观念的确立。中国社会挥之不去的应试教育与其说是一种为孩子的教育，不如说是将孩子视为工具而非目的的机械训练。如果以"为孩子"为名继续用分数压制孩子的个性和尊严，继续功利主义地强调以牺牲孩子当下的幸福来换取虚幻的未来的成功，那么，在这种对功名利禄的算计之下，肯定无法培育有自尊、有个性、有创造性、有社会责任意识的现代公民。因此，中国社会不仅急需教育系统内的变革，更为重要的是需要全社会健康、现代的教育观念的确立。

## 3. 处理好"公民道德的教育"和"公民的道德教育"的关系

我们强调"公民道德的教育"的重要与加强"公民的道德教育"并不矛盾。加强公共道德、职业伦理、家庭美德、个人修养的培育都是这个时代对于学校德育的迫切要求。我们之所以特别强调"公民道德的教育"，最主要的原因在于中国社会从古代到现代、从封建专制到社会主义民主法制的现代化转型过程中，最为缺失的不是"私人的道德"，而是"公民的人格"。毫无疑问，现代公民人格当然包括公民应有的个人修养。只有个人教养合格的人，才可能是合格的社会主义公民。

"小悦悦"、地沟油等事件不仅暴露出公民社会责任感、正义感的严重缺失，也暴露出中国社会传统伦理的沦陷和一部分公民基础道德的缺失。这一缺失既是教育的失败，也是社会文化建设的失败。只有正本清源，将社会文化建设与改进学校德育结合起来，处理好"公民道德的教育"和"公民的道德教育"的关系，中国德育和社会才能有更大的进步。

[本文曾以"努力加强'公民道德的教育'"为题，发表于《人民教育》2011年第24期。人大复印资料《思想政治教育》月刊2012年第3期转载。本次出版时略有修改。]

# 公民教育
## 需要三个重构

　　如何通过教育传承人们在抗震救灾过程中表现出来的优秀精神，是目前中国大众极为关注的一个重要问题。为此，记者采访了北京师范大学公民与道德教育研究中心主任檀传宝教授。

　　檀传宝说，四川汶川地震震惊中国和世界，面对困难，人们凸现出来的参与感与责任感感动了很多人。可以说，地震唤起了人们的公民意识。在实际生活中，人们常常不习惯说公民意识，而是讲人文精神，人文精神在我们这个社会现代化程度不高的国家显得特别重要。长久以来，中国大陆有一种相互矛盾的公民素质缺陷：一部分年轻人公民意识冷漠，缺乏积极参加社会主义民主的热情，从而使得本来可以因为公民的有效参与而避免或减少的负面现象不能得到应有的、有效的遏制；另一方面，许多人常常过激地使用自己的民主权利，而不顾这些过激行为对于国家、社会和其他公民生活可能产生的伤害。但是，今年的抗震救灾，除政府以外，许多民间组织和个人也都积极参与其中，人们面对灾难，表现出了少有的积极和理性，表现出愿意参与公共生活重建的愿望和热情，因而彰显了现代公民的意识。这是难

　　　　美学是未来的教育学

能可贵的。这一现象值得我们反思，人们在灾难中表现出来的高贵的道德品质和现代公民意识，也值得我们继续发扬。

檀教授认为，作为学校教育系统，要注意传承这种优秀精神，可以通过课程，尤其是地方课程和校本课程，以及重构校园生活等方式来加强学校的公民教育，传承积极的公民精神。

檀教授表示，目前的公民教育需要实现三个重构：思想重构、概念重构和生活重构。

首先是思想重构，主要是指解放思想。公民道德教育全世界都在讲，我们可以有自己的公民教育。党的十七大报告中提出要加强公民意识的培育，同时提到了应该追求社会公平和正义，这些东西其实是公民教育的主要内容。现在是增强公民意识的一个较好的契机。

其次是概念重构，关键是存同求异。提到公民教育的概念，其中一定会包含民主的程序、政党制度、社区参与、社会公平等，这是大家都承认的概念。但公民教育在不同国家内容重点完全不同。发达国家提公民教育，都是针对自己的国情。比如，美国公民教育中多元化教育的比重比较大，欧洲公民教育中的人权教育比重比较大。我们要存同求异，追求自己的特色，要构建能够在中国扎实推进的、对全体人民有切实意义的公民教育的概念。

进入新时期以来，由于和谐社会建设对社会公平正义和对"最广大人民的根本利益"的迫切追求，由于社会主义政治文明、社会文明的不断进步，合理引导中华人民共和国全体公民，尤其是广大青少年树立正确的公民意识、提高公民素养，已经成为目前中国教育的重要任务。而抗震救灾则为进行公民教育提供了良好契机。

中国应当在吸收国外先进经验的同时，结合中国社会的实际进行公民教育设计。一方面，我们应当鼓励全体国民，尤其是青少年确立公民的主体意识，积极参与社会主义民主进程；另一方面，我们又必须让大家树立理性的、辩证的权利与义务观念。一方面，我们应当鼓励公民树立为中华民族和平崛起而奋斗的意识；另一方面，和平崛起也要求我们树立正确的民族意识和国际观，学会积极、有效地参与从社会到全球的社会生活。

再次是生活重构。公民教育最重要的是"纲"，即有实际意义的公民教育。在这个理念下，采取何种形式的公民教育都是可以的，但重要的是把学校生活变成公民生活。著名教育家杜威曾经提出"学校即社会""教育即生活"，而陶行知也曾经提出"社会即学校""生活即教育"。当学校管理制度缺乏民主精神，当课程与教学一直采取强制灌输的模式，当师生关系、生生关系都被等级观念浸透的时候，学生们就失去了成为公民的基础和机会，再好的公民教育课程都会流于形式，只能是纸上谈兵。

所以，设计、开发直接的公民教育课程、读本固然重要，但更为重要的，应当是让整个学校生活具有公民生活和公民教育的性质。要让青少年生活在一个民主、公正、人道、受尊重、鼓励理性参与的教育环境里。要增强学校的民主气氛，增强孩子参与公共事务的能力，扩大其参与公共事务的空间，使其增强社会责任感，成为学校真正的主人。这样，他们长大之后才会成为真正具有公民精神的人。对此，我们可以借鉴国外的经验。比如，英国很多中小学实行"学校理事会"制度，理事会决定学校发展的有关事项。理事会主要由学生代表（经过选举产生）、社区代表、学校代表组成。孩子能够实际了解、决定与学校及自身发展有关的重大问题，真正体会到自己是主人或者公民。

最近一段时期，中国不仅经济飞速发展，社会与政治进步也十分明显。虽然由于历史与国情等诸多因素的制约，中国社会主义和谐社会建设的任务仍然十分艰巨，但是，从公民个人权利的确认、维护到国家政治生活体制上的民主化，都为我国学校公民教育的发展提供了越来越好的环境。因此，除了进行必要的直接德育内容与形式方面的改革，强化更合理的公民教育内容之外，学校德育应当关注的重点之一是如何更多地将建设和谐社会的价值追求落实到具体的校园生活的改造中去。让孩子们在和谐、民主的教育生活中健康成长为社会主义公民比什么都重要。

［本文曾以"传承抗震精神　培育公民意识"为题发表于《教育信息报》2008 年 7 月 10 日第 3 版。本次出版时略有删改。］

# 研究与开展
# 中国特色的公民教育

发展中的现代社会积累物质财富和精神财富的过程，也是培育现代公民的过程。现阶段，我们该如何看待公民教育？如何进行公民教育？为此，本刊记者特地走访了北京师范大学公民与道德教育研究中心主任檀传宝教授。

## 思想重构：解放思想，破除对公民教育的误解

**记者（以下简称"记"）**：檀教授，您好。我们注意到，"北京师范大学公民与道德教育研究中心"是在 2003 年挂牌成立的。在这里，"公民"被放在了前面的位置，是因为你们当时就认识到了公民教育的重要性吗？

**檀传宝（以下简称"檀"）**：是的。这个机构的全称其实是"公民教育与道德教育研究中心"，为了避免啰唆，才叫现在的名字。

我一直认为公民教育十分重要。从目前的社会现实来看，进行公

民教育的任务是非常迫切的。举个例子，每次政治事件发生的时候，中国民众大致可以分成两拨，一拨人政治冷漠，无论周围发生什么事，也无论国家、世界发生什么大事，都与己无关。在日常生活中，很多人都没有起码的维权意识和维护公共利益的意识。相反，这些人都觉得老外傻，对公共事务太爱较真。其实，这一现象正反映出我们公民意识差、公民素养差。

另一拨人则是过激冲动，在处理公共事务时不理性、不成熟，根本不顾及一些过激行为对国家、社会和其他公民的生活可能产生的伤害。这两类行为，都是公民素养不成熟的表现。

记：我注意到，您刚才提到"维权""维护公共利益"，这好像和我们过去认为的"合格公民"只是守道德、讲义务有差异。

檀：这涉及对公民及公民教育的认识。其实，我在这里讲的"公民"主要是政治与法律意义上的。我国宪法第三十三条规定："凡具有中华人民共和国国籍的人都是中华人民共和国公民……任何公民享有宪法和法律规定的权利，同时必须履行宪法和法律规定的义务。"由此可见，作为一个公民，明了自己的权利与义务，知道如何履行自己的权利与义务是非常重要的。

具体到基础教育，如何让中小学生正确理解、行使这些权利和义务，正是教育的责任所在。而进行公民教育的目标，就是提高公民素养，培育现代社会的公民。其中，特别需要注意培养公民意识（公民意识主要是指身份意识，即知道自己是谁，拥有什么样的权利与义务）与公民行动能力。

记：可是，很长一段时间以来，我们对公民教育一词是有避讳的，总以为它是西方资本主义社会的专属。

**檀：**这种看法肯定不对。公民教育这个概念本身是中性的，它和德育、智育、体育、美育的概念一样，只是一个教育领域。至于培养什么样的公民，公民教育的重点在哪里，目标是什么，每个国家都是不一样的。我们没有必要一开始就给公民教育贴上正面或负面的标签。

公民教育不是西方社会的专属，就像市场经济、政治民主等不是资产阶级或者资本主义的专利一样。党的十七大报告已经明确提出："加强公民意识教育，树立社会主义民主法治、自由平等、公平正义理念。"

所以，针对过去的错误认识，我们有必要进行思想重构，也就是要解放思想，破除对公民教育的误解，不再把它看作洪水猛兽，逐步回到正确的理解上去。

**记：**是的，我也注意到了十七大报告中的这段表述。而且，这段表述是放在第六部分"坚定不移发展社会主义民主政治"里，而不是第八部分的"优先发展教育，建设人力资源强国"一目中。这样的安排，说明了什么呢？

**檀：**这说明公民教育具有重大的战略意义，关系到民族、国家的未来。作为教育工作者，我们必须敏锐地意识到国家层面的教育需求。

教育要与整个社会发展的需要相一致，民主法治、自由平等、公平正义等理念，可以通过公民教育传递给受教育者。更进一步，当前社会政治文明前进的步伐非常快，我们今天的学校教育也有必要为明

　　　　　　　美学是未来的教育学

天政治文明的进一步发展作好准备。

记：这样看来，是社会发展对公民教育提出了要求，而解放思想、正确认识公民教育是当务之急。

## 概念重构：建设有中国特色的公民教育

记：在中国历史上并没有公民教育的传统，公民教育是舶来品。您能大致介绍一下国外开展公民教育的情况吗？

檀：现在很多国家都在根据各自的社会实际开展公民教育，以应对社会不公、全球化与移民问题等所带来的多元化课题以及青年一代的政治冷漠，等等。

国际上常把公民教育叫作"公民身份的教育"。目前看来，公民身份主要有三个维度。一是公民与国家、政府之间的关系。公民了解宪法、知道自己在政治与法律上的权利与义务、积极参政等，都是强调公民与政府之间的关系。往下延伸，是第二个维度，即公民与社区的关系。对社区公共生活不关注、不参与，证明公民素养比较差。向上延伸，是第三个维度，即公民与世界的关系。环保意识、和平意识就是这个层面的问题。从这三个维度，可以延伸出公民对自身权利与义务的了解，对如何参与民主的了解，以及对多元文化的态度，等等。

记：您讲的这些公民教育内容，我国政治、法律、道德等课程模块中也或多或少地涉及了。这是不是说明各国的公民教育都有一些共同之处?

**檀**: 没错。比如联合国的知识，我们讲，美国也讲，可能在解读上有差别，但有关联合国的基本知识是没有差别的。又如，世界各国都在宪法中规定了公民的基本人权，公民意识当然包括这些人权观念。现在，我们讲公民教育，就要首先承认这些现代社会都认同的东西，如果不承认这些，我们所讲的公民教育就根本无法与别人对话。

**记**: 但不同国家社会发展的实际需求和具体情况是不一样的，我们进行公民教育时总不能照抄照搬他国的东西吧?

**檀**: 刚才讲的是公民教育的共性的东西。但所有的事物都是共性与个性的统一，公民教育也不例外。

应该说，没有任何一个国家的公民教育是与别国一模一样的。原因很简单: 任何教育都要基于自己的国情去开展。更何况，公民教育还有浓厚的政治意味在里面，所以要更多地关注自身国情，关注政治文明发展提出的最迫切的任务。比如说，美国的公民教育强调多元文化教育，因为它是一个移民国家，种族多，这个问题很迫切。而欧洲就比较多地关注人权教育，其中一些国家还特别注重进行反对种族歧视的教育，因为那个地区新纳粹主义有抬头的迹象。这说明不同的国家、不同的历史时期，公民教育都有着不同的内涵。

**记**: 那在目前的发展阶段，我们国家的公民教育应该有什么样的内涵呢?

**檀**: 这其实是另一个重构的问题，即概念重构。我们必须在求同存异的基础上去追求符合中国实际的、有中国特色的公民教育。我国的公民教育至今都没有一个完整的科学设计，我只能说一个特别考虑过的教育重点。

目前，中国有一部分人参与意识、义务意识、责任意识比较差；还有一部分人权利意识比较差。但总体来说，我认为主要是由于中国封建社会历史比较长，所以公民在权利意识上相对淡薄些。现在很多问题都是权利意识不够导致的，像农民工的欠薪问题，撇开制度上的缺陷，如果每个农民工都有很强的维权意识，在每个环节都加以注意的话，那么他们受到的伤害会小很多。所以，在现阶段进行公民教育，要特别注意公民权利意识的培养。当然，权利与义务必须是对等的，合格的公民不会只要权利不要义务。

记："求同存异"说得真是太好了。我们的公民教育，既要有与世界各国公民教育相同的地方，同时也要依据国情，去界定出我们自己的公民教育的目标、内容、课程形式和活动安排，等等。

檀：这其实是提醒我们，在设计公民教育的时候，要避免两个极端：一是承认特殊性，不承认普遍性，结果导致我们讲的公民教育与别人的公民教育完全不是一回事；另一个是只要普遍性，不要特殊性，照抄别人的。事实上这没法抄，世界上没有哪国的公民教育是绝对的真理。

记：结合我国的国情，在设计有中国特色的公民教育时，基础教育有哪些地方需要加强，或者说基础教育阶段的公民教育的内涵应包括哪些呢？

檀：至少有三个方面的内容应加以重视：一是开展平衡权利与义务的教育。一部分青少年要权利不要义务，另一部分却只是认真履行义务，而没有权利意识。这都不利于公民身份的生成和公民素养的培育。二是进行关于国家宪政、民主制度、政党制度、政治体制等知识的教育。三是加强学生参与公共生活的意识与行动能力的培育。

现在有一个很好的公民教育契机，就是目前进行的新课改支持学生服务社区。这是培育公民意识的一个很重要的方式，可以让学生了解社会，积极参与社会建设，服务大众。但光有社区服务还是不够的，公民教育还要求让学生对公共生活有发言权，首先就是对学校生活有发言权，决定学校的一些事务，而不是只执行别人的决定。

开展公民教育，一是怕受教育者不参加公共生活，二是怕他们的参与不理性。"理性和积极地参加公共生活"是中小学加强公民教育要特别注意的重点，也是全部公民教育的归宿——最终要让公民积极理性地参与公共生活。公共生活可大可小，小到小组、班级、学校，大到整个社会，甚至全球。

## 生活重构：造就有公民社会特质的校园生活

**记**：美国公民教育家霍拉斯·曼有句名言："建共和国易，造就共和国公民难。"法律上规定了你是一个公民，但你是否具有公民的素养，则是教育的问题。就我所知，有部分学者一直呼吁开设公民教育课程。

**檀**：我不否认直接开设公民教育课的重要性。如果开课的话，也有两个可能性。一是从小学到大学开设一门叫作"公民教育"的课程，英国、美国等国均有此课程名称。另一个是不用公民教育这个词，而在相关课程中采取融和的方式实施公民教育。如在思想品德、思想政治课中，有意识地把公民教育的内容涵括在里面。

但我觉得这些都是形式，不是开展公民教育最根本的东西。最根本的是要将全部学校生活重构，最好是将整个社会生活重构。

记：学校以外的社会生活也要重构？

檀：对！这跟德育是一个道理，你在学校里面讲道德、讲诚实，但如果整个社会都不讲诚实的话，就只能产生"5+2=0"的效果。公民教育也是如此。理想的状态是整个公民社会比较成熟，这样，社会生活本身就是一种很好的公民教育。

记：但在公民社会不成熟的时候，学校教育该怎么办？

檀：至少校内生活要符合公民教育的要求。我认为，这才是公民教育最重要、最核心的东西。

前年我到英国待了三个月，考察了三所中学、三所小学的公民教育。我看到了他们公民教育的教材和课程标准。但最让我印象深刻的却是，这六所学校毫无例外地向我们介绍他们的 School Council，也就是学校理事会。学校理事会是什么机构？就是学生们自己选举代表，就像选人民代表、议员一样。这些学生代表，再加上校领导、社区代表、教育行政部门领导，组成学校理事会。它的主体是学生，成员采用任期制。这个理事会可以决定学校的重大事务，作了决定后，校长要执行。

理事会与校长的关系，就像英国的议会与首相的关系。这种做法，其实就是杜威讲的"学校即社会""教育即生活"。学校本身已经是个小型的公民社会，你在这个社会里待久了，自然就会有公民意识：学校的事就是我的事，而且我还能够按照程序，去决定学校的事情。

**记：**这种做法在我国的学校中还是很少见的。

**檀：**所以我提出重构学校生活。我们的学校生活里有大量的非民主因素。就我所知，曾经有一所学校，教师直接找校长反映情况都不行。教师只能找年级组长，年级组长再向教务主任汇报，教务主任再向分管副校长汇报，分管副校长向校长汇报。如果胆敢越级的话，就会马上受到批评。学生里面同样等级森严。这种校园生活是在培养臣民，而不是公民。这种情况下，你在课堂上给学生讲权利与义务、平等与正义，有什么用？

做过学生的人都知道，学生在宿舍里被人管，在教室里被人管，在任何一个环节都只有被人管的份。你想提个意见，往往都不行。这怎么可能培养出现代公民来？所以我觉得最重要的是造就健康的校园生活。用健康的、符合和谐社会建设要求的、讲求公平正义的校园去培养我们现代的公民。这个时候再辅之以专门的公民教育课程，有专门的时间去讨论国家、政党、政治体制等，那就更好。所以我认为，与整个校园生活和社会生活的重构比，开课反而显得次要了。

进行公民教育，一定要从校长到教师都有公民意识的自觉。只有造就了有公民社会特质的校园生活，才能培养真正意义上的公民。否则，老师讲一套，学生的生活却不是这么回事——班干部是老师指定的，学生的自治组织其实是老师"指导"的（这里所谓的指导，其实是指老师的强力掌控，没有实现真正意义上的自治）。这样肯定不利于公民教育的实施。

记：您理想中的公民教育，是要求校长、教师与学生都作为公民存在，大家都享有同等的权利与义务，来推动学校这个局部社会的发展吗？

答：是的，这样的校园，就是公民社会特质的校园。讲制度，讲法治，讲权利的平等，讲义务的分担，讲积极理性的公共生活的参与，讲不同价值观念之间相互的宽容……但现在的问题是，师生关系中，教师还是居高临下。这种不平等的人际关系，造就的是奴性的臣民人格，这个时候开公民教育课管什么用？在日常生活中，你与老师的每次谈话，都和公民教育课上讲的是相反的。所以我说，公民教育最重要的不在开课。即使不开课，校园生活改造过来了，也等于开了课。相反，如果你只是开课，校园生活没有改造过来，开课也是白开。

记：您的看法，对于学校开展公民教育挺有借鉴意义的。很多时候，我们一提到公民教育，很容易把它等同于公民道德教育或者德育，这个问题您如何看待？

檀：这个问题提得好。德育有狭义和广义之分。我们通常说的道德教育，是狭义的德育，它与公民教育是交叉的关系，有一点重叠，但仍是两个不同的概念。公民教育更多的是政治与法律意义上的公民身份的培育，简单地讲，它相当于政治教育。公民教育与道德教育重叠的地方，是公共道德这部分。不过，公民教育中，除了公共道德的培养外，更多的是其他素养的培养。而道德教育也不止于公共道德的教育，还包括私德的教育。所以，公民教育与道德教育不是一个概念。

公民道德教育可以有两种解释：一是公民所有道德方面的教育，相当于德育，公民两个字要不要无所谓；另一个是强调你以公民身份参与公共生活时所需要的公共道德，这个意义上的公民道德教育，只是公民教育的一个维度、一个部分。所以，很多人以为公民教育就是公民道德教育是不对的。

记：目前我国中小学校中有没有实施公民教育的一些好的经验？

檀：有，但数量很少，而且大部分校长、教师没有自觉意识到公民教育的重要性，实施的公民教育也是不系统的。应该说，在中小学实施公民教育非常紧迫，部分国外的公民教育机构已经联系了一些国内的学校做实验，当作学校课程来做。公民教育是一个阵地，你不占领别人就会占领，这也是我感到焦虑的原因之一。公民教育关系到每位学子将来以怎样的姿态走向社会，是否自由，能否幸福，同时它也是民族和国家得以凝聚和稳定的根本所在。

记：您能否大致评价一下我国公民教育的现状？

檀：尽管连胡锦涛同志都提倡培育公民意识，但现在部分人在观念上还是认为培育公民意识是有问题、有危险的。而且，就算思想上没问题，我国公民教育在研究和实践上也严重滞后，真正意义上的公民教育研究专家非常少。

比如说，对国际上的公民教育，我们所具备的专业、系统的理解就很少，怎么能求同存异呢？此外，我们自己的理论建设也不够，有大量问题需要回答。实事求是地说，我们公民教育的理论和实践都还在起步阶段。刚才你的很多问题我都很小心地回答，就是因为很多方面都没有来得及进行更系统、深入的研究。比如公民教育的目标是什么、重点是什么、应该怎样安排中国公民教育的课程等，都需要进一步的深入探索。

记：看来，建设中国特色的公民教育任重而道远，希望广大的理论研究者和一线的教育工作者都能加入到这个队伍中来！谢谢您接受我们的采访。


[ 本文曾以"研究与开展中国特色的公民教育——访北京师范大学公民与道德教育研究中心主任檀传宝"为题，发表于《人民教育》2008 年第 18 期。本次出版时略有修改。]

# 通过公民生活
# 实现公民教育

　　加强公民教育是一个生活的命题。今日之中国，无论教育还是社会生活都处在一个变革和提升的关键阶段。素质教育运动意味着中国教育品质的提升；"建设和谐社会"这一口号的提出，则意味着中国社会寻求更为健康的发展模式的开始。换言之，中国教育与社会的变革和发展都要求我们高度重视公民教育的问题。

　　由于社会历史条件的显著差异，与 20 世纪不同阶段的类似提法有所不同的是，21 世纪初，我们重新提出推进公民教育应当有时代特色和工作的重点。这些特色和重点与中国社会的现状与变革趋势息息相关。我以为，21 世纪中国公民教育的时代特色和工作重点主要应当在以下三个方面。

　　第一，新时期的公民教育应当注意公民权利与义务教育的平衡。所谓"平衡"，主要是说不仅要有公民义务的教育，还应当突出进行公民权利意识的培育；不仅要有权利与义务的教育，而且应当有民主制度、民主程序的教育等。而对公民的权利和义务中所包含的各要素的教育也应当全面、平衡地进行。比如，公民义务教育在新世纪就不

　　　　　　　　　　美学是未来的教育学

应当仅是教育公民服从规则、积极奉献，还应当鼓励公民履行参与政治和社会生活的义务，履行维护自己的合法权益和公共利益、同不法行为作斗争的义务，等等。

第二，新时期的公民教育应当注意公民教育内容的开放与创新。所谓开放，就是应当在政治体制、民主参与等教育内容方面，提供给教育对象更多的材料，让学生有可能科学、理性地学习有关政治与社会理论，具有自主判断、分析和积极建设公共生活的能力。学校教育的重要使命之一是帮助年轻一代顺利实现理性的政治社会化。素质教育所强调的创新能力和实践能力的培育，在公民教育领域应当以更大的力度落实、强化。只有这样，我们才能培养和谐社会所需要的积极的公民意识和行动能力。

第三，新时期的公民教育还应当注意公民道德教育。这里的公民道德不是指公民应当有的全部道德，其重点应当是特指公民参与公共、政治生活所应当具有的道德素养。公民社会需要公民负责地参与社会生活——既不是回避责任、明哲保身，也不是非理性地否定和破坏一切。民主社会的公民应当拥有积极的自由和消极的自由，同时也应当具有维护积极和消极自由的行为能力。比如，公民知道自己应当有合理的权利主张，但是这一主张同时又不得侵害其他公民的合法权益（如财产、隐私权等）。

新时期的公民教育可能还有其他应当强调的内容，但以上几点是我个人认为极其重要和迫切的。如果我们认同以上公民教育应当具有的时代特色和工作重点，那么我们如何实现上述教育目标呢？

我的主张是：应当通过公民生活的建设去实现真正意义上的公民

教育。其要义主要有以下三点。

第一，要营造有利于公民教育的舆论环境。在相当长的时间里，甚至现在，许多人仍然在潜意识里将公民教育看作资本主义的东西，就像许多人曾经将市场经济看成资本主义的东西一样。其实，中国共产党一直主张培养社会主义共和国的合格公民，这一点既体现在中华人民共和国的宪法和教育法等法律法规中，也体现在中国共产党领导下的教育实践之中。在公民意识淡漠、理性的公民行动能力缺失十分严重，并由此产生了许多现实社会问题的今天，我们需要全社会在公民教育议题上的共识。有了共识，才可能有真正意义上的公民生活；有了公民生活，才可能有真正意义上的公民教育。

第二，成人应当作为公民生活的表率。在所有价值教育领域，榜样学习都是极端重要的学习方式。尽管我们在谈论公民教育时常常将重点放在对未来公民的教育上，但是如果成人没有成为积极公民生活的榜样，我们无法使青少年真正相信公民教育专门课程等所教导的一切。即使我们成功地在学校和课堂上进行了象牙塔里的公民教育，但当未成年人接触社会的时候，之前所接受过的教育反而会让他们失落、失望，而后后退到比较保险的"臣民生活""私民生活"的惯性中去。也正是因为这一点，我们认为成人社会的公民教育和成年人关于公民生活的自我教育和专门针对青少年的公民教育同样重要。

第三，将学校教育生活改造成为公民生活。杜威曾提出"学校即社会""教育即生活"的命题。当学校管理制度缺乏民主精神，课程与教学一直采取强制灌输的模式，师生关系、生生关系都被等级观念浸透的时候，学生们根本没有成为公民的基础和机会，再好的公民教育课程都会流于形式，只能是纸上谈兵。所以，设计、开发直接的公民教育课程、读本固然重要，但更为重要的是，让整个学校生活具有公民生活和公民教育的性质。

从一定意义上讲，"通过公民生活实现公民教育"并不是一个新的发现，而是对一个被教育家们反复陈述、论证过的教育理念的具体应用。在21世纪的今天，我们重述这一命题的意义在于：我们由衷希望，通过教育界和全社会的不懈努力，真正意义上的公民教育概念能够与社会主义民主政治、和谐社会建设同步，在中国的土地上真正地建立起来；完整的、本真的生活教育的理念也能够在新世纪的中国公民教育和其他教育中焕发出更强的生命力。

〔本文为作者在2005年12月11日"21世纪教育沙龙——公民教育：探索与实践"及"北京2006年青少年学生公民教育国际论坛"上的发言简稿。本次出版时略有删改。〕